अतीत की धरोहर

अतीत की धरोहर

जगराम जी

GenNext Publication

भारत में सन् 2023 में प्रकाशित

जेन्नेकस्ट पब्लिकेशन
5, अंसारी रोड, दरियागंज,
नई दिल्ली-110002
ई-मेल: gennextpublication@hotmail.com

Distribution Network
gyanbooks.com
India, USA, Canada, UK, Australia, France

अतीत की धरोहर

ISBN: 978-93-5663-065-9

मुद्रित: ज्ञान प्रेस, दिल्ली

आभार

संस्कृति जीवन की विधि है। जो भोजन हम खाते हैं, जो कपड़े पहनते हैं, जो भाषा बोलते हैं और जिस भगवान की पूजा करते हैं, ये सभी सभ्यता कहलाते हैं; तथापि इनसे संस्कृति भी सूचित होती है। सरल शब्दों मे हम कह सकते हैं कि संस्कृति उस विधि का प्रतीक है जिसके आधार पर हम सोचते हैं; और कार्य करते हैं। इसमें वे अमूर्त/अभौतिक भाव और विचार भी सम्मिलित हैं जो हमने एक परिवार और समाज के सदस्य होने के नाते उत्तराधिकार में प्राप्त करते हैं। एक सामाज वर्ग के सदस्य के रूप में मानवों की सभी उपलब्धियाँ उसकी संस्कृति से प्रेरित कही जा सकती हैं। कला, संगीत, साहित्य, वास्तुविज्ञान, शिल्पकला, दर्शन, धर्म और विज्ञान सभी संस्कृति के प्रकट पक्ष हैं। तथापि संस्कृति में रीतिरिवाज, परम्पराएँ, पर्व, जीने के तरीके, और जीवन के विभिन्न पक्षों पर व्यक्ति विशेष का अपना दृष्टिकोण भी सम्मिलित हैं।

संस्कृति हमारे जीने और सोचने की विधि में हमारी अन्तःस्थ प्रकृति की अभिव्यक्ति है। यह हमारे साहित्य में, धार्मिक कार्यों में, मनोरंजन और आनन्द प्राप्त करने के तरीकों में भी देखी जा सकती हैं। संस्कृति के दो भिन्न उप–विभाग कहे जा सकते हैं–भौतिक और अभौतिक। भौतिक संस्कृति उन विषयों से जुड़ी है जो हमारी सभ्यता कहते हैं, और हमारे जीवन के भौतिक पक्षों से सम्बद्ध होते हैं, जैसे हमारी वेशभूषा, भोजन, घरेलू सामान आदि। अभौतिक संस्कृति का सम्बध विचारों, आदर्शों, भावनाओं और विश्वासों से है।

संस्कृति जीवन के निकट से जुड़ी है। यह कोई बाह्य वस्तु नहीं है और न ही कोई आभूषण है जिसे मनुष्य प्रयोग कर सकें। यह केवल रंगों का स्पर्श मात्र भी नहीं है। यह वह गुण है जो हमें मनुष्य बनाता है। संस्कृति के बिना

मनुष्य ही नहीं रहेंगे। संस्कृति परम्पराओं से, विश्वासों से, जीवन की शैली से, आध्यात्मिक पक्ष से, भौतिक पक्ष से निरन्तर जुड़ी है। यह हमें जीवन का अर्थ, जीवन जीने का तरीका सिखाती है। मानव ही संस्कृति का निर्माता है और साथ ही संस्कृति मानव को मानव बनाती है।

संस्कृति का एक मौलिक तत्त्व है, धार्मिक विश्वास और उसकी प्रतीकात्मक अभिव्यक्ति। हमें धार्मिक पहचान का सम्मान करना चाहिए, साथ ही सामयिक प्रयत्नों से भी परिचित होना चाहिए जिनसे अन्तःधार्मिक विश्वासों की बातचीत हो सके, जिन्हें प्रायः 'अन्तः सांस्कृतिक वार्तालाप' कहा जाता है। विश्व जैसे-जैसे जुड़ता चला जा रहा है, हम अधिक से अधिक वैश्विक हो रहे हैं और अधिक व्यापक वैश्विक स्तर पर जी रहे हैं। हम यह नहीं सोच सकते कि जीने का एक ही तरीका होता है और वही सत्य मार्ग है। सह-अस्तित्व की आवश्यकता ने विभिन्न संस्कृतियों और विश्वासों के सह-अस्तित्व को भी आवश्यक बना दिया है। इसलिए इससे पहले कि हम इस प्रकार की कोई गलती करें, अच्छा होगा कि हम अन्य संस्कृतियों को भी जानें और साथ ही अपनी संस्कृति को भी भली प्रकार समझें। हम दूसरी संस्कृतियों के विषय में कैसे चर्चा कर सकते हैं जब तक हम अपनी संस्कृति के मूल्यों को भी भली प्रकार न समझ लें।

सत्य, शिव और सुन्दर ये तीन शाश्वत मूल्य हैं जो संस्कृति से निकट से जुड़े हैं। यह संस्कृति ही है जो हमें दर्शन और धर्म के माध्यम से सत्य के निकट लाती है। यह हमारे जीवन में कलाओं के माध्यम से सौन्दर्य प्रदान करती है और सौन्दर्यानुभूतिपरक मानव बनाती है। यह संस्कृति ही है जो हमें नैतिक मानव बनाती है और दूसरे मानवों के निकट सम्पर्क में लाती है और इसी के साथ हमें प्रेम, सहिष्णुता और शान्ति का पाठ पढ़ाती है। इसी गूढ़ रहस्य को जिसे हमारे पूर्वजों ने अपने अनथक प्रयत्नों से अनुभूत सिद्ध कर सम्पूर्ण राष्ट्रदेव के श्रीचरणों में अंजली में भरकर रत्नरुपी अनमोल भेंट अर्पित करने का प्रयास किया जिसके दर्शन, स्पर्श, और आचमन मात्र से ही अपनी सांस्कृतिक विरासत रुपी पहिचान को अजर अमर अर्थात चिरंजीवी किया जा सकता है ऐसा दिव्य मन्त्र दिया जिसे मैंने इस [अतीत की धरोहर] रुपी

शब्दहार में मोती बनाकर सजाने सँवारने का कार्य अपने अनन्य शुभचिंतक, हितैषी, मार्गदर्शक, पालक, सहयोगी, सहकारी आदि मित्रों के अभूतपूर्व सहयोग से पूर्ण किया है। अतः उन सभी के सहयोग को कोटिशः आभार, नमन, वंदन साथ ही सुधि पाठक गणों के श्री चरणों में भेंट समर्पित हो जो अतीत की धरोहर को संरक्षित करने में सहायक सिद्ध होगी। इसी विश्वास के साथ।

/// **धन्यवाद** ///

भवदीय

–जगराम सिंह

प्रशस्ति

जो कुछ हमको मिलता है वह विरासत के रूप में ही मिलता है। कुछ हमको अपने परिवार से, पूर्वजों से, माँ से या मां के परिवार से और पिता से या पिता के परिवार से, समाज से, राष्ट्र से, साथ ही कुछ इतिहास से भी मिलता है। लेखक ने जिस विरासत की बात की है वह भारत के अतीत की बहुमूल्य जानकारियों को समेटे हुए हैं। जिसमें हमारा वास्तु शास्त्र, सभ्यता, परंपरा, पर्यावरण, वातावरण और जिसको हम देख नहीं सकते अपितु महसूस कर सकते हैं। उसमें सब-कुछ समाहित होता है। यथा-

हमारे रहन-सहन के तरीके, हमारा संगीत, हमारा विश्वास, रोजमर्रा के सोचने समझने के तरीके, बोलने, समझने के तरीके हमारी विरासत के हिस्से है जो अतीत से चली आ रही हमारी परंपराएं हैं वही विरासत हमें अपने अतीत के अक्षय कोष से मिलती है जिसकी बुनियाद पर हम अपने वर्तमान को परिभाषित करते हैं अर्थात पुनर्निर्माण करते हैं। वर्तमान की बेहतरी के लिए अतीत का ज्ञान होना जरूरी हैं। अच्छी बात यह है कि इस अमूल्य धरोहर के प्रति लगभग हर कोई आज संवेदनशील है।

आज के परिवेश में उन्नति के अनेक सोपानो पर सफलता पाकर भी हमारा समाज सांस्कृतिक दृष्टि से विश्रंखलित दिखाई देता है। क्योंकि अद्यकालीन समाज में वैश्विक और अगप्रचार क्रांति के प्रभाव से ना केवल मिथ्या सूचनाओं का प्रभाव बढ़ा है बल्कि लोगों और समुदायों का अप्रकृत परस्पर संपर्क भी लगातार बढ़ता जा रहा है साथ ही आर्थिक दृष्टि से संपन्न बनने और बने रहने का दबाव भी उसी गति से समाज को विरोपित और विकृतित करता जा रहा है, ऐसे परिदृश्य में अपनी परंपरा के अमूल्य आधारों से परिचित होना और उन्हें अपने आचार, विचार और व्यवहार का

हिस्सा बनाना हमारी सांस्कृतिक एवं राष्ट्रीय अस्मिता की दृष्टि से अत्यंत आवश्यक है।

आज की युवा पीढ़ी का जीवन दर्शनप्राचीन दृष्टिकोण को बिना जाने, बिना समझे निशाप्रयोज्य मान बैठा है संस्कृति और परंपरा बैठे-बिठाए पालने अर्थात आचरण की चीज नहीं है ना ही कोई वस्त्र व आभूषण है जिसे पुराने मिलने पर बदल दिया जाए ये चीजें सदियों के जीवनानुभवों का वह सारांश होती हैं जो हमारे पूर्वज हमारे लिए संस्कारों, आचारों और एक विशिष्ट जीवन पद्धति के रूप में छोड़ जाते हैं। किसी चीज का नयापन मात्र उसे ग्राह्य नहीं बना देता ठीक उसी तरह किसी चीज का पुरानापन भी मात्र निशाप्रयोज्य नहीं बना देता। हमारी सन्त परंपरा के श्रेष्ठ महाकवि गोस्वामी तुलसीदास जी की पंक्ति प्रमाण है संग्रह, त्याग न बिनु पहिचाने इस तरह स्पष्ट है कि अपनी जीवनशैली में किसी चीज को पुराना मानकर छोड़ने और नया जानकार जोड़ने से पहले उसकी पहचान आवश्यक है पहचानने के लिए जानना आवश्यक है। जानने के लिए विश्वास आवश्यक है। इसी विश्वास की कसौटी पर यह पुस्तिका मेरी नजरों से खरी उतरती प्रतीत होती है। इसलिए श्री जगराम जी की यह अनमोल कृति अतीत की धरोहर कृति हमें, हमारे परिवार को, हमारे समाज को और हमारे राष्ट्र को इसी तथ्य, एवं सत्य परक महत्वपूर्ण ज्ञान को जानने और पहचानने का अवसर देती है यह पुस्तक निश्चित ही प्रिय पाठकों के लिए अधिक से अधिक मूल्यवर्धक, मार्गदर्शक तथा सारगर्भित प्रमाण के रूप में सिद्ध होगी इसी अपेक्षा और इसी शुभेच्छा के साथ--------

डॉ. अशोक कुमार मैंदोला

असिस्टेंट प्रोफेसर, पंडित ललित मोहन शर्मा

श्री देव सुमन उत्तराखंड विश्वविद्यालय परिसर

ऋषिकेश, देहरादून उत्तराखंड

अनुक्रम

अतीत की धरोहर

किसी भी राष्ट्र के नागरिकों की सांस्कृतिक परम्परा एवं रीति-रिवाज उस देश के ऐतिहासिक आदर्श तथा मूल्यों पर आधारित रहते हैं। देश ने इन्हें अपने इतिहास में संजोया और विकसित किया है। वे देश के आदर्श और मूल्य जो कभी बड़े जनप्रिय थे उन्हें बनाये रखने का सतत प्रयास किया गया और वे ही कालांतर में व्यक्ति के स्वभाव रीति-रिवाज और आचार व्यवहार में समाहित हो गये। वस्तुतः ये हमारे देश की सांस्कृतिक धरोहर का प्रतिबिम्ब हैं। ऐतिहासिक घटनाओं का लोगों के जीवन पर अवश्यंभावी प्रभाव पड़ता है। हमारे देश में भी ऐसा हुआ है। राजनीतिक एवं आर्थिक उतार-चढ़ाव तो भारत में भी हुए हैं परंतु हमारी सांस्कृतिक जीवन शक्ति ऐसी थी कि, उसकी मूलभूत बातों अत्यधिक सुदृढ़ होने के कारण आज तक वैसी की वैसी है। यही कारण है कि इतिहास के उतार-चढ़ाव में भारतीय सांस्कृति जीवित रह सकी और उसकी मूल आत्मा अप्रभावित रही पाँच हजार वर्ष पहले जो दर्शन हमारे पूर्वजों को प्रभावित करता था वह आज भी हमारे अस्तित्व को उद्देश्यपरक और सार्थक बना रहा है।

इस महादेश के विभिन्न क्षेत्रों में जीवन जीने के तरीके अलग-अलग है परंतु कश्मीर से कन्याकुमारी तक लोगों की सांस्कृतिक बुनियाद आध्यात्मिक ही है।

असीम का आभास अर्थात अनादि अनंत का दर्शन इस देश की अपनी विशेषता है। शास्त्र कहते हैं "भारत की संस्कृति हृदय से उत्पन्न हुई है। अतएव ईश्वर और उसकी सृष्टि को प्रेम करना ही इसका मूल सिद्धांत है।" भारतीय परम्परा में भौतिकता की नहीं अपितु आध्यात्मिकता की प्रधानता है। बिना ईश्वर से संबंध जोड़े भौतिकवाद अपूर्ण और अर्थहीन होता है। भारतीय

विचारों के अनुसार सत्य के परिप्रेक्ष्य में ही सभी चीजों को देखना चाहिए। सभी से अपना आध्यात्मिक संबंध रखना और सभी प्राणी एक समान हैं की भावना लेकर अनेकत्व में एकता को देखना अर्थात् सभी में ईश्वर का दर्शन करना कुछ ऐसे सिद्धांत है जो युगों से इस देश की संस्कृति के पोषक और आधार रहे हैं। जब तुम्हारा पैर किसी को लग जाता है तब तुम झुककर उसी हिस्से को छू कर क्यों नमस्कार करते हों? इसलिए कि भारतियों का यह विश्वास है कि ईश्वर सर्वव्यापी है अत: सब चीजें शुद्ध और पवित्र हैं।

सामान्य तौर पर चर्चा करने पर 'संस्कृतिक' शब्द की कोई सीमित परिभाषा नहीं हो सकती। डॉ. वी. के. गोकाक ने हमें इसकी तर्कसंगत सुन्दर परिभाषा दी है। "संस्कृति, ज्ञान, विश्वास, रीति-रिवाज, नैतिक व आध्यात्मिक इत्यादि गुणों से इस तरह गुथी हुई है कि जो कुछ भी सत्यं शिवं सुन्दरं है वह इसमें समाहित हो गया है। इस सन्दर्भ में भारतीय संस्कृति बहुत व्यापक है।"

यद्यपि भारतीय संस्कृति को अपनी अद्वितीय प्राचीन विशेषताएं हैं फिर भी वह कभी भी विदेशी संस्कृति की विरोधी नहीं रही इसने इस्लामी, पुर्तगाली, फ्रेंच और विशेष रूप से ब्रिटिश संस्कृति को भी स्वीकार किया था। भारतीयों ने भिन्न धर्म व संस्कृति वाले बाहरी देशों के लिए कभी भी अपने दरवाजे बन्द नहीं किये। किसी धर्म के विकास में भारत बाधक नहीं बना, बल्कि अपने धर्म के प्रचार हेतु आने वाले विदेशियों का यहाँ सदैव स्वागत किया गया। भारतीयों ने यहूदी तथा पारसी धर्मावलम्बियों का भी स्वागत किया जिनको विश्व में सब जगह प्रताड़ित किया गया है। यह कहा जाता है कि भारत की संस्कृति अपने मूलरूप तो भारतीय हैं परंतु अपनी उदारता एवं व्यापकता के कारण बहुत सी संस्कृतियों को उसने आत्मसात किया है। विदेशी संस्कृतियों का विशेष प्रभाव भारतीयों की ललित कलाओं, भाषा, उत्सव और रीति-रिवाज आदि पर पड़ा है।

हमारे देश की भौगोलिक रचना का मोटे तौर पर हमारी संस्कृति उस पर बड़ा असर हुआ है। हमारे भोजन और वस्त्र की आदतें स्थान-स्थान पर भिन्न-भिन्न हैं। भारत विश्व का सातवां बड़ा देश है। यह लगभग 3287782 वर्ग मील में फैला है। भारत की बड़ी समुद्रीतटीय रेखा 6100 किलोमीटर

लम्बी है। पूरे भारत को प्रमुख रूप से चार क्षेत्रों में बांटा जा सकता है। उत्तर में उत्तर पूर्वी पर्वत श्रृंखलाएँ, फिर गंगा-सिन्धु का मैदानी भाग, प्रमुख मरुस्थली क्षेत्र, दक्षिण का समुद्रतटीय क्षेत्र महत्वपूर्ण नदियों में हिमालय से निकली, दक्षिण भारत, समुद्रतटीय तथा देश के भीतरी भाग की नदियां आती हैं। इस तरह भारत में अनगिनत विभिन्नताएँ हैं। भारत में जीव-जन्तु वनस्पतियों के भी अनेक प्रकार हैं। भारत में 83 प्रतिशत जनता हिन्दू धर्म को मानती है। शेष लोग इस्लाम, सिख, जैन, बौद्ध, ईसाई, पारसी आदि धर्मों को अनुयायी हैं। बहुत थोडी संख्या यहूदी धर्मावलम्बियों की भी है। भारत की जनसंख्या का बहुत कम भाग शहरों में रहता है और लगभग 70 प्रतिशत लोग गावों में रहते हैं।

अतः हमें भारत की सांस्कृतिक परम्परा, रीति-रिवाज और आचार व्यवहार आदि की चर्चा करते समय उसकी भौगोलिक विविधता व जनसंख्या के इस बंटवारे को भी ध्यान में रखना चाहिए।

आहार

भोजन की आदत अधिकतर उस क्षेत्र की जलवायु और भौगोलिक स्थिति पर निर्भर करती है। भारत के ठंडे पहाड़ी इलाकों के साधारण लोग मांसाहारी हैं। समुद्रतटीय लोगों में भोजन में मछली की प्रधानता है। मैदानी भाग के लोग जहाँ अनाज और सागभाजी पैदा कर सकते हैं वे मांस मछली पर निर्भर नहीं रहते यद्यपि भोजन की आदतें क्षेत्र भौगोलिक स्थिति या जलवायु के अनुसार बनती हैं फिर धार्मिक भावनाओं तथा लोगों के अपने जीवन मूल्य तथा मान्यताओं से भी प्रभावित होती है। लाखों हिन्दू मांसाहारी भोजन को स्वाभाविक मानते हैं पर उनसे भी अधिक अन्य अनेक इसे अनुचित मानते हैं। साधारणतः मुसलमान मांसाहारी होते हैं पर वे किसी विशेष प्रकार के मांस को नहीं खाते।

यह बताना बहुत आवश्यक है कि बहुत सारे हिन्दू मांस मछली खाना क्यों पसन्द नहीं करते? क्योंकि हिन्दूओं का यह दृढ विश्वास है कि ईश्वरीय सृष्टि के मूक प्राणियों को मारना पाप है। उनका दूसरा विश्वास है कि जानवरों का मांस और मछली का आहार अपवित्र अर्थात् सात्विक नहीं होता, अतः

शरीर के लिए उपयुक्त नहीं है। उनकी यह भी दृढ धारणा है कि व्यक्ति के विचार, शब्द और कार्यों में प्रतिदिन ग्रहण किए जाने वाले भोजन के गुणों का भी प्रभाव पड़ता है। शाकाहारी भोजन में चित्त शांत रहता है और सात्विक गुण आते हैं जो विशेष रूप से आध्यात्मिक जीवन के लिए उपयोगी और लाभदायी है। फिर भी हमें यह भी समझ लेना चाहिए कि केवल शाकाहारी होना ही भक्त या आध्यात्मिकता नहीं है। भक्त और आध्यात्मिकता तो मुख्यत: मन की अभिवृत्ति हैं जबकि लोगों की भोजन की आदत सामान्यतया बहुत कुछ उनके परिवार और जातीय परम्परा, धार्मिक विश्वास, भौगोलिक स्थिति तथा स्रोतों पर निर्भर रहती है। अतएव आहार विषयक आदतों की विविधता को इसी सन्दर्भ में हमें समझना चाहिए।

वेशभूषा

वेशभूषा पर आंशिक रूप से जलवायु और कुछ अंशों में सामाजिकता और धार्मिकता का भी प्रभाव पड़ता है। इसी से भारत में प्रत्येक क्षेत्र की भिन्न-भिन्न वेशभूषा है। क्षेत्रीय प्रभाव के अलावा जातीयता और व्यवसाय के कारण भी पहनावे में विभिन्नता पाई जाती हैं। वस्त्रों को धारणा करने में विदेशी शासन के प्रभाव को नहीं नकारा जा सकता अधिकांशतया महिलाओं में साड़ी का पहनावा है तथा पुरुषों में धोती व कुर्ता का। पंजाब के लोग सलवार और चूड़ीदार पायजामा पहनते हैं। सैकड़ों वर्षों के मुस्लिम तथा अंग्रेजी शासन के बावजूद बंगाल और उत्तरप्रदेश में अभी भी धोती प्रधान है। सिक्ख धोती नहीं पहनते, वे ढ़ीली कमीज, चूड़ीदार, सुथना, जांघिया और पगड़ी बाँधते हैं, जो उनका धार्मिक प्रतीक है। सिर पर पहनी जाने वाली टोपी पगड़ी आदि विभिन्न क्षेत्रों में भिन्न हैं जबकि कई स्थानों पर सिर पर कुछ नहीं पहना जाता परंतु देश के कुछ भागों में अपनी सामाजिक प्रतिष्ठा बताने के लिए टोपी पहनते हैं। शेरवानी और जोधपुरी कुर्ता उच्च पदस्थ सरकारी लोगों की वेशभूषा बन गई है। भारतीय पुरुष व महिलाओं के मूल्यवान परिधानों की विभिन्नता व विविधता समझने के लिए ऊपर बताए अनुसार आसपास के वातावरण आदि को भी देखना होगा। परम्परागत भारतीय वेशभूषा देश की विविध प्रकार की जलवायु के अनुकूल है। भारत के नवयुवक व

नवयुवतियां अपने बड़ों को इस तरह की पोशाक पहनने के कारण कुछ पिछडा हुआ समझते हैं। इसका कारण है कि वे अपनी संस्कृति को नहीं जानते तथा दूसरों को सही रूप में समझने में असमर्थ हैं।

वस्त्रों का कार्य शरीर को ढांककर गर्मी और ठंड से उसकी रक्षा करना है। साफसुथरे कपडे, फैशन वाले पश्चिमी कपड़ों से अधिक महत्वपूर्ण हैं। किसी का 'व्यक्तित्व कैसा है' यह बात उसकी वेशभूषा से अधिक महत्वपूर्ण है। प्राचीन आचार्यगण कहते थे–अच्छा और श्रेष्ठ चरित्र ही सबसे अच्छी पोशाक है।

भाषा

भाषा की दृष्टि से भारत सबसे समृद्ध देश है। भारत सरकार ने शासकीय तौर पर 14 भाषाओं को मान्यता दी है और उन सबका अपना इतिहास है। ग्रीक और लेटिन से भी प्राचीन भाषा संस्कृत है जो बहुत सी भाषाओं की जननी है। संस्कृत वह भाषा है जिसमें भारत का प्राचीन उच्च कोटि का साहित्य लिखा गया है। इसी से बंगाली, हिन्दी, गुजराती और मराठी भाषाएँ उत्पन्न हुई हैं। इन्हें जो आर्य भाषायें कहा जाता हैं। तमिल, कन्नड़, तेलगू और मलयालम भाषायें दक्षिण में बोली जाती हैं, द्रविड़ भाषाएँ कहलाती हैं। तमिल विद्वानों का दावा है कि ये भाषायें भी संस्कृत के समान प्राचीन हैं। यद्यपि दक्षिणी भाषायें संस्कृत से सीधे उत्पन्न नहीं हुई हैं फिर भी उन पर संस्कृत का प्रभाव दिखलाई पड़ता है।

सभी भारतीय भाषायें समान रूप से अच्छी हैं और वे लाखों द्वारा बोली जाती है। केवल अपनी भाषा के प्रति कट्टरता का रुख रखना खतरनाक है। अपनी भाषा के लिए हठधर्मी से भाषा के आधार पर दल बंदी होगी जिसके फलस्वरूप भाषायी होड़बाजी पैदा होगी। इससे देश का विनाश और बरबादी होगी। हमें अपने बच्चों को अपने देश की अधिक भाषायें सीखने के लिए उत्साहित करना चाहिए। अधिक भाषाओं का जानना केवल बुद्धि का विकास नहीं है; वह सामाजिक और राजनैतिक रूप से भी इस विशाल देश की वर्तमान सार्वभौमिक अवस्था में उपयोगी भी है। भाषायी भेद कोई द्वेष का विषय नहीं है। भाषाएँ तो हमारी महान संपदा हैं जिन पर हमें गर्व करना

चाहिए। बाबा कहते हैं केवल एक भाषा है वह है हृदय की भाषा क्योंकि एक दयालु हृदय किसी के साथ भी सम्बन्ध स्थापित कर सकता है।

ललित कलाएँ

(1) संगीतः भारतीयों को संगीतज्ञ कहा जाता है। हमारा सबसे पुराना धर्मग्रंथ ऋग्वेद है। वस्तुतः मूल रूप से ऋषियों द्वारा गंगा के किनारे गाई हुई स्तुतियों का संग्रह हैं। सामवेद भी गेय पद्यों का संग्रह हैं। इतिहास बतलाता है कि भारत में घुमक्कडी चारणों और गायक साधु संतों की बहुतायत थी। संगीत, प्राचीन भारत की अत्यधिक विकसित कला थी। भरत मुनि का नाट्य शास्त्र, संगीत, नृत्य और नाटक आदि ललित कलाओं के ऊपर बड़ा खोज पूर्ण एवं वैज्ञानिक ग्रंथ है।

प्राचीन भारत में संगीत की अद्‌भुत शैलियाँ तथा वाद्ययंत्र प्रचारित किए गए थे। संगीत का प्रभाव भारतीयों पर सार्वजनिक रूप से पड़ा है। यहाँ तक कि बिल्कुल अनपढ़ और पिछड़े लोगों तक का अपना मधुर लोक संगीत है। किसी राग को गुनगुनाते रहने का भारतीयों का अपना सहज स्वभाव है। नाविक नाव पर, खेतिहर महिलाएँ खेत पर, बंदरगाह में भारी चीजें या लोहा ढोते हुए कामगार, पशु चराते हुए चरवाहे, सडक पर पत्थर तोड़ते मजदूर, माल ढोते हुए गाड़ीवान और पूजा संस्कार करवाते हुए पंडितगण सभी गाते हुए काम करते हैं।

भारतीय संगीत की दो प्रमुख शाखाएँ हैं। उत्तर भारत का हिन्दुस्तानी संगीत तथा दक्षिण भारत का कर्नाटक संगीत। यद्यपि इन दोनों में कुछ बातों में समानता है परंतु ये एक प्रकार के वाद्य यंत्रों का उपयोग नहीं करते इन दोनों में कर्नाटक संगीत विविधता का धनी है। सितार, सरोद, शहनाई, और तबला हिन्दुस्तानी शाखा के प्रसिद्ध वाद्य यंत्र हैं। इन दोनों का अपना बडा प्राचीन इतिहास है और दोनों ही शाखाओं में महान संगीतज्ञ हुए हैं। दोनों का संगीत आधार आध्यात्म है।

भारत में संगीत की समृद्ध परम्परा है। एक सामान्य मनुष्य तक के जीवन में भी लोकगीत का प्रभाव स्पष्ट रूप से मिलता है। इसका श्रेय रामायण और महाभारत को है जिनके कथावृत्तों से लोकगीत समृद्ध हुए हैं।

अन्त में हम यह कह सकते हैं कि संगीत की सम्पत्ति के अभाव में हम सांस्कृतिक और भावनात्मक दृष्टि से कंगाल रह जाते हैं। अतएव भारतीयों को जो कुछ भी प्रिय हैं उसमें संगीत का प्रथम स्थान आता है।

(2) नृत्य: प्राचीन काल से ही भारत में नृत्य का संबंध पूजा से रहा है। वैदिक प्रथाओं में नृत्य का विशिष्ट स्थान हैं। फिर भी यह बात सही है कि भारतियों में जितना संगीत का प्रचलन है उतना नृत्य का नहीं क्योंकि सामाजिक जीवन में पाश्चात्य देशों की तरह नृत्य का विकास नहीं हो पाया। फिर भी भारत में दो प्रकार के नृत्य प्रचलित है।

शास्त्रीय और लोक नृत्य–भरत नाट्यम शास्त्रीय नृत्यों का अत्यधिक सुन्दर और विकसित रूप है। इन नृत्य शैली का प्रणेता दक्षिण भारत है। आज यह केवल भारत में ही नहीं विदेशों में भी बहुत प्रसिद्ध हो गया है। यह एक ऐसी कला है जिसके प्रशिक्षण में कई वर्षों का समय लगता है। इसे समझने और सराहने के लिए देखने वालों को नर्तक की अंगुलियों चेहरे और चेहरे की मुद्राओं की जानकारी होना चाहिए।

उत्तर भारत में मणिपुरी नृत्य शास्त्रीय नृत्यों में सबसे अच्छा माना जाता है। मणिपुरी नृत्य भरतनाट्यम की तरह मुद्राओं पर आधारित नहीं है। ओडिसी एवं कुचिपुडी भी प्रसिद्ध भारतीय नृत्य हैं।

इन नृत्य कलाओं के कनीक का अध्ययन वास्तव में श्रेष्ठ बौद्धिक अनुभव है। मंच पर इसको देखने से सौन्दर्य बोध सम्पन्न दर्शकों को संतोष होता है।

लोक गीतों की तरह लोक नृत्य भी भारतीय संगीत की पैतृक संपदा है। भारत के किसी भी ग्रामीण क्षेत्र में जायें तो वहाँ धर्मोत्सवों में ग्रामीणों को गाते और नृत्य करते देखेंगे। वे त्यौहारों और मेले में नाचते गाते हैं। सभी लोकनृत्यों और लोकगीतों में केवल पौराणिक कथाओं का आधार नहीं होता। उनमें से बहुत सी सामान्य मनुष्य के जीवन अथवा जाति विशेष के नायक और नायिकाओं से संबंधित कथाएँ भी रहती हैं। भारतीय लोक नृत्य एवं लोकगीत समझने के लिए ग्रामीण जन–जीवन, इतिहास तथा प्राचीन कथाओं का पूर्व ज्ञान आवश्यक है।

वास्तु शिल्प कला

भारत में वास्तु (भवन आदि के निर्माण की) कला के कई अति–उत्तम कार्य हुए थे। प्राचीन सिन्धु घाटी की सभ्यता की जानकारी हमें उसकी शिल्प कला और उस समय की सभ्यता का ज्ञान कराने वाली पुस्तकों से होता हैं। इससे पता चलता है कि हमारे पूर्वज भवन निर्माण से संबंधित वास्तु कला में बहुत कुशल थे। सिन्धु घाटी की सभ्यता के बाद भारत के इतिहास में आर्य सभ्यता का उद्‌भव हुआ।

जिसमें वास्तु कला में धार्मिकता को स्थान दिया गया है। बौद्ध स्तूप इस युग की शिल्प कला के प्रथम नमूने हैं। पूर्व में बौद्धों द्वारा बहुत–से स्मारक बनाए गए इनमें से बहुत से या तो नष्ट हो गए या नष्ट कर दिए गए। सांची का स्तूप विश्व प्रसिद्ध है। राजा अशोक ने जब बौद्ध दीक्षा ली तब इसे बनवाया था। बौद्ध भिक्षुओं ने शिल्प कला को बहुत उन्नत बनाया था। हिन्दुओं की सर्वोत्तम वास्तुकला की अभिव्यक्ति भारत से उन मन्दिरों में है जो देशवासियों और विदेशियों दोनों के लिए अपनी अद्‌भुत शैली के कारण दर्शनीय है। हिन्दू विदेशों में जहाँ भी जाते हैं, मन्दिर बनाते हैं। वास्तुकला की उत्कृष्ट शैली के अनेक विशालकाय सुंदर मन्दिर आक्रामक विदेशियों द्वारा नष्ट भ्रष्ट कर दिए गए। परंतु इनमें से बहुत से आज भी सुरक्षित हैं। उड़ीसा का लिंगराज मन्दिर, कोणार्क का सूर्यदेव मन्दिर, मध्यप्रदेश में खजुराहों का मन्दिर तथा अन्य अनेक मन्दिर अपनी श्रेष्ठ वास्तु शिल्प कला पर बने हैं। दक्षिण भारत में मदुरै के मीनाक्षी का मन्दिर, कांजीवरम् में वरदराज का मन्दिर और बेल्लूर में हालेबिद और मैसूर में गोमतेश्वर का मन्दिर है। कुछ महान अद्‌भुत का निर्माण कुशल कारीगरों द्वारा भी हुआ। जिनका नाम हिन्दू और बौद्ध शिल्पकारों की तरह आज तक अज्ञात है। वह भारतीयों और विदेशियों द्वारा शिल्पकारी का विश्व में एक आश्चर्य माना जाता है।

चित्रकला

सबसे पुरानी चित्रकला औरंगाबाद की अजंता की गुफाओं के भीत्ति चित्रों में पाई गई है। किसी अनजाने अज्ञात बौद्ध भिक्षुक कलाकार द्वारा बनाई गई इन कलाकृतियों से प्राचीन भारत में चित्रकला के विकास का बोध होता

है। अभी तक ज्ञात शैलियों की दो शाखाएँ कांगडा घाटी और राजस्थानी शैली है। कलाकारों ने भारतीय संगीत की तरह भारतीय चित्रकला में भी शैली को समाहित किया है। बौद्ध, हिन्दू आदि चित्रकला शैलियों में चित्रकार पर गहरे धार्मिक प्रभाव का प्रमाण मिलता है।

भले ही लोग विभिन्न धार्मिक त्यौहार या उत्सव मनायें परंतु सभी धर्म एक ही सिद्धांत, केवल एक ही ईश्वर है को प्रतिपादित करते हैं। इसलिए जब हम हिन्दू-मंदिर, बौद्ध मठ, जैन मन्दिर अथवा सिक्खों के गुरुद्वारे को देखते हैं तो सब पर एक प्रभाव सामान्य है उन सभी में ईश्वर पर विश्वास स्पष्ट दिखाई देता है। दिव्यता परक कला चाहे वह हिन्दू, बौद्ध, सिक्ख, जैन शैली की हो सभी एक ही बात को उजागर करते हैं कि ईश्वर केवल एक ही है।

धार्मिक उत्सव एवं प्रथाएँ

बच्चों का नामकरण करना हिन्दूओं में एक महत्वपूर्ण कार्य है। देश के कुछ हिस्सों में हिन्दू बच्चों के तीन नाम रखे जाते हैं। पहला जन्म के ग्रह नक्षत्रों के आधार पर होता है, दूसरा घर के बड़ों (पिता के नाम) के सम्मान में और तीसरा नाम जो उसे सम्बोधन हेतु वास्तव में प्रचलित रहेगा।

भारत में कुछ जातियों में बडे बालकों को दीक्षा देने का समारोह होता है। जिसमें कोई बुजुर्ग अथवा पंडित उसे सक्रिय जीवन में प्रवेश देने हेतु दीक्षा देता है। इसमें हिन्दू, अथवा अन्य धर्म अथवा परम्परावादी, बालकों को किस प्रकार अपने धर्मानुसार जीवन में आचरण करना चाहिए इसके लिए धर्मोपदेश द्वारा दिशा बोध कराते हैं।

हिन्दू, बौद्ध, सिक्ख, जैन सभी अपने-अपने धर्मों के अनुसार जन्म संस्कार, नामकरण अथवा दीक्षा संस्कार कराते हैं। संस्कारों की पद्धतियों में केवल बाहरी भिन्नता है। उनका आंतरिक अर्थ और उद्देश्य सभी धर्मों में समान है। शास्त्र ने भी यही कहा हैं कि गहने भिन्न-भिन्न हो सकते है पर उनमें स्वर्ण एक ही है।

भारतीय बच्चों के प्रति अपने स्नेह के लिए प्रसिद्ध हैं। भारतीय प्रौढ़ बच्चों के साथ रहने से बड़े प्रसन्न होते हैं। वे उन्हें दुलारते पुचकारते तथा खिलाते हैं। बच्चों और बड़ों के बीच का यह स्नेहील शारीरिक सम्पर्क विशेष

रूप से माता-पिता और उनके बीच मनोवैज्ञानिक और आध्यात्मिक संबंध बढ़ाने में सहायक होता है। भारत के सभी धर्म समुदायों में दूसरा विशेष हर्ष का अवसर विवाह होता है। हिन्दूओं का विवाह संस्कार पंडितों द्वारा मंत्रोच्चार के साथ पवित्र अग्नि के समक्ष होता है। पवित्र अग्नि, पति और पत्नि के पवित्र संबंध की साक्षी होती है।

सभी भारतीय अपने धर्म के अनुसार वधू को चमकीले रंगीन कपडे पहनाते हैं। यद्यपि विवाह के समय बड़ी धूमधाम रहती है और पर्याप्त भोजन आदि बनता है परंतु विवाह कार्य में बड़ी गंभीरता तथा पवित्रता रहती है। वर और वधू मित्रों और संबंधियों के सामने यह घोषणा करते हैं कि चाहे जो भी आपत्ति-विपत्ति आये ये दोनों सदैव एक साथ रहेंगे। सभी भारतीयों में विवाह एक पवित्र बंधन है, जिसमें एक दूसरे के सुख-दुःख में जीवन पर्यन्त साथ निभाया जाता है। अपने गृहस्थ जीवन के साथ-साथ वे आध्यात्मिक पथ के सहयात्री भी होते हैं और आत्मिक उन्नति के लिए एक साथ साधना परक जीवन बिताते हैं।

सभी भारतीय धर्मों में मृत्यु संस्कार महत्वपूर्ण है। हिन्दू उसे जलाते हैं। मृतक के अंतिम संस्कार की रीति लगभग सभी धर्मों में पाई जाती है। हिन्दूओं का पुनर्जन्म में विश्वास है। हिन्दूओं के अनुसार जन्म और मरण का चक्कर तब तक चलता रहेगा जब तक हम परमात्मा में लीन नहीं हो जाते। हमें मानना चाहिए कि भारतीय धार्मिक रीति-रिवाज मात्र प्रथाएं ही नहीं हैं जिनका लोग अन्धानुसरण कर रहे हैं बल्कि उनका विशेष प्रयोजन हैं। उनका उद्देश्य दुःखों से छुटकारा पाकर जीवन में हर्ष बढ़ाना है। साथ ही इनसे जीवन में सत्य पथ का बोध होता है। यह सत्य ही है जिसके बिना हममें से बहुत से लोगों को सही दिशा का ज्ञान होने में बड़ी कठिनाई होते है।

त्यौहार

भारत धार्मिक त्यौहारों के लिए प्रसिद्ध है। विश्व के किसी भी अन्य देश में भारत जैसे धार्मिक त्यौहार शायद ही होंगे। भारत के सभी समुदायों में धार्मिक पर्व और उत्सव आदि मनाये जाते हैं और इस तरह उनमें बहुत कुछ समानता पाई जाती है। शिवरात्री के पवित्र पर्व में हिन्दू ईश्वर की स्तुति और

प्रार्थना करके रात्रि जागरण तथा उपवास करते हैं। उपवास अपनी आत्म शुद्धि और आत्म संयम के लिए है। परम्परावादी हिन्दू प्रत्येक माह की कृष्ण पक्ष के ग्यारहवें दिन एकादशी का व्रत रखते हैं। यह भी कृष्ण पक्ष में पड़ता है। इसमें भक्तगण जागरण करते हैं।

ईश्वर के कार्य अर्थात् धर्म प्रचार का शुभारंभ किया था। जैसा हिन्दूओं के लिए विभूति का है। उपवास व रात्रि जागरण का सभी धर्मों में समान है। गांधीजी आत्मशुद्धि के लिए उपवास करते थे। नवयुवक विद्यार्थियों को यह समझना चाहिए कि विश्व के सभी प्रेम, त्याग तथा परोपकारिता के सिद्धांत के पोषक हैं।

सभी धर्मों के त्यौहार प्रवर्तकों अथवा अवतारों के जीवन से संबंधित रहते हैं। हिन्दूओं के अधिकतर त्यौहार विभिन्न अवतारों के आधार पर मनाये जाते हैं। गोकुल अष्टमी, महाशिवरात्री, दशहरा और बहुत से अन्य हिन्दू त्योहारों का केन्द्र बिन्दू ईश्वर अथवा अवतार होता है।

भारत के ग्रामीण क्षेत्रों में शहरी लोगों की तरह सभी त्यौहार छोटे रूप में मनाये जाते हैं। ग्रामीण हिन्दू, बहुत से ग्रामदेव या देवियों पर विश्वास करते हैं। गाँवों के कुछ त्यौहारों के बारे में एक बड़ी सुखद बात है कि उन्हें सामाजिक एकता की भावना से मिलजुल कर मनाते हैं। केवल एक ही जाति है वह है मानवता की। केवल एक ही धर्म है वह है प्रेम का।

भारतीय अत्यधिक धार्मिक होते हैं। भारतीयों के लिए धर्म के बिना जीवन जीना कभी भी संभव नहीं हो सका है। यहाँ के लोग बहुत भावुक और कहीं अंधविश्वासी भी होते हैं। भारतीय चाहे जिस धर्म को मानने वाले हो वे बड़े आत्मीयता से अतिथि सत्कार करते हैं। भारतीय जन जीवन में परिवार की बड़ी महत्वपूर्ण भूमिका है। यहाँ के परिवार के सदस्यों में आपस में पश्चिमी देशों के परिवारों की अपेक्षा प्रगाढ़ प्रेम बन्धन है।

भारत के सभी धर्म अपने से बड़ों के प्रति आदर भाव रखना सिखाते हैं। यहाँ वृद्धावस्था में माता-पिता की देख रेख करना एक पवित्र कर्तव्य माना जाता है। परंतु इसके साथ ही वे दूसरों की प्रथाओं और रिवाजों के प्रति भी

उदार रहते हैं। सदाचरण को वे बहुत महत्व देते हैं और इसीलिए बाल्यावस्था से ही बच्चों के नैतिक विकास पर ध्यान दिया जाता है।

भारतीयों की सहिष्णुता क्षमाशीलता और धैर्य का कारण उनके अपने अतीत, पौराणिक कथाओं, प्रथाओं, साहित्य, धार्मिक परम्पराओं तथा ललित कलाओं के साथ जुड़ाव और आदर की भावना है। हम सभी को अपनी इन प्राचीन परम्पराओं को वर्तमान संदर्भ में सार्थक बनाये रखने का सतत प्रयास करना चाहिए।

आज इस बात की आवश्यकता है कि हम अपने पूर्वजों की इस गौरवशाली गरिमापूर्ण सांस्कृतिक धरोहर के योग्य बनें। चलो हम सब जीवन में सत्याचरण के द्वारा सनातन धर्म के पाँच मूल सिद्धांतों सत्य, धर्म, शांति, प्रेम और अहिंसा और पंचशील का पालन करें। चलो हम प्रभु के इस पावन सन्देश को जन-जन तक पहुँचाने में जुट जायें जिससे यह संसार सभी के लिए सुखागार बन जाये।

/////जय श्री राम /////

१. आदर्श घर

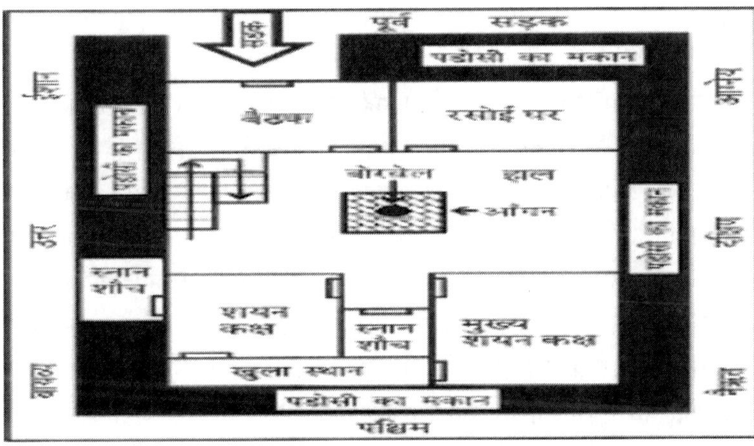

एक आदर्श घर कैसा होना चाहिए

घर का मुख्य द्वारः घर के मुख्य द्वार पर मांगलिक चिन्हों जैसे–ऊँ, स्वास्तिक का प्रयोग करना चाहिए। घर में मुख्य द्वार जैसे अन्य द्वार नहीं बनाने चाहिए तथा मुख्य द्वार को फल, पत्र, लता आदि के चित्रों से अलंकृत करना चाहिए।

बृहदवास्तुमाला में कहा गया है....

मूलद्वारं नान्यैर्वारैरभिसन्दधीत रूपर्द्धया।

घटफलपत्रप्रथमादिभिश्च तन्मंगलैश्चिनुयात्॥

इसी प्रकार मुख्य द्वार पर कभी भी वीभत्स चित्र इत्यादि नहीं लगाने चाहिए।

घर की दिशाः- घर का मुख्य द्वार सिर्फ पूर्व या उत्तर में होना चाहिए। हालांकि वास्तुशास्त्री मानते हैं कि घर का मुख्य द्वार चार में से किसी एक दिशा में हो। वे चार दिशाएं हैं–ईशान, उत्तर, वायव्य और पश्चिम लेकिन हम यहां सलाह देंगे सिर्फ दो ही दिशाओंमें से किसी एक का चयन करें। **पूर्व या उत्तर का द्वारः** पूर्व इसलिए कि पूर्व से सूर्य निकलता है और पश्चिम में अस्त होता है। उत्तर इसलिए कि उत्तरी ध्रुव से आने वाली हवाएं अच्छी होती हैं और दक्षिणी ध्रुव से आने वाली हवाएं नहीं। घर को बनाने से पहले हवा, प्रकाश और ध्वनि के आने के रास्तों पर ध्यान देना जरूरी है।

घर का आँगनः घर में आँगन नहीं है तो घर अधूरा है। घर के आगे और घर के पीछे छोटा ही सही, पर आँगन होना चाहिए। प्राचीन हिन्दू घरों में तो बड़े-बड़े आँगन बनते थे। शहरीकरण के चलते आँगन अब नहीं रहे। आँगन नहीं है तो समझो आपके बच्चे का बचपन भी नहीं है। आँगन में तुलसी, अनार, जामफल, कड़ी पत्ते का पौधा, नीम, आंवला आदि के अलावा सकारात्मक ऊर्जा पैदा करने वाले फूलदार पौधे लगाएँ। तुलसी हवा को शुद्ध कर कैंसर जैसे रोगों को मिटाती है। अनार खून बढ़ाने और वातावरण को सकारात्मक करने का कार्य करता है। कड़ी पत्ता खाते रहने से जहाँ आँखों की रोशनी कायम रहती है वहीं बाल काले और घने बने रहते हैं, दूसरी ओर आंवला शरीर को वक्त के पहले बूढ़ा नहीं होने देता। यदि नीम लगा है तो जीवन में किसी भी प्रकार का रोग और शोक नहीं होगा। शास्त्रों के अनुसार जो व्यक्ति एक पीपल, एक नीम, दस इमली, तीन कैथ, तीन बेल, तीन आंवला और पाँच आम के वृक्ष लगाता है, वह पुण्यात्मा होता है और कभी नरक के दर्शन नहीं करता। इसके अलावा घर के द्वार के आगे प्रतिदिन रंगोली बनाएँ और आँगन की दीवारों और भूमि पर मांडने मांडें।

स्नानघर और शौचालयः घर में या घर के आँगन में टॉयलेट और बाथरूम बनाते वक्त वास्तु का सबसे ज्यादा ध्यान रखना चाहिए, क्योंकि इसके बुरे प्रभाव के कारण घर का वातावरण बिगड़ सकता है। दोनों ही स्थानों को ज्योतिष में राहु और चंद्र की शरारत का स्थान माना गया है। स्नानगृह में चंद्रमा का वास है तथा शौचालय में राहू का। शौचालय और बाथरूम एकसाथ नहीं

होना चाहिए अर्थात चंद्र और राहू का एकसाथ होना चंद्रग्रहण है। यदि ऐसा है तो यह गृह कलह का कारण बन जाएगा। स्नानगृह की आंतरिक व्यवस्था में नल को पूर्व या उत्तर की दीवार पर लगाना चाहिए जिससे स्नान के समय मुख पूर्व या उत्तर दिशा में हो। स्नान घर में वॉश बेसिन ईशान या पूर्व में रखना चाहिए। गीजर, स्विच बोर्ड आदि अग्नि कोण में होना चाहिए। इन्हें स्नानगृह में दक्षिण पूर्व या उत्तर की दीवार में लगाना चाहिए। बाथटब इस प्रकार हो कि नहाते समय पैर दक्षिण दिशा में न हों। बाथरूम की दीवारों या टाइल्स का रंग हल्का नीला, आसमानी, सफेद या गुलाबी होना चाहिए। शौचालय में व्यवस्था इस प्रकार हो कि शौच में बैठते समय मुख दक्षिण या पश्चिम में हो। अन्य व्यवस्थाएं बाथरूम के समान रखनी चाहिए।

शौचालय: यह मकान के नैऋत्य (पश्चिम-दक्षिण) कोण में अथवा नैऋत्य कोण व पश्चिम दिशा के मध्य में होना उत्तम है। इसके अलावा शौचालय के लिए वायव्य कोण तथा दक्षिण दिशा के मध्य का स्थान भी उपयुक्त बताया गया है। शौचालय में सीट इस प्रकार हो कि उस पर बैठते समय आपका मुख दक्षिण या उत्तर की ओर होना चाहिए। शौचालय की नकारात्मक ऊर्जा को घर में प्रवेश करने से रोकने के लिए शौचालय में एक्जास्ट फेन चलाकर उपयोग करना चाहिए।

स्नानघर: स्नानघर पूर्व दिशा में होना चाहिए। नहाते समय हमारा मुँह अगर पूर्व या उत्तर में है तो लाभदायक माना जाता है। पूर्व में उजालदान होना चाहिए। बाथरूम में वॉश बेसिन को उत्तर या पूर्वी दीवार में लगाना चाहिए। दर्पण को उत्तर या पूर्वी दीवार में लगाना चाहिए। दर्पण दरवाजे के ठीक सामने नहीं हो।

विशेष: नल से पानी का टपकते रहना वास्तुशास्त्र में आर्थिक नुकसान का बड़ा कारण माना गया है। जिनके घर में जल की निकासी दक्षिण अथवा पश्चिम दिशा में होती है उन्हें आर्थिक समस्याओं के साथ अन्य कई तरह की परेशानियों का सामना करना पड़ता है। उत्तर एवं पूर्व दिशा में जल की निकासी को आर्थिक दृष्टि से शुभ माना गया है। जल संग्रहण का स्थान ईशान कोण को बनाएँ।

घर का पूजाघरः घर में पूजा के कमरे का स्थान सबसे अहम होता है। इस स्थान से ही हमारे मन और मस्तिष्क में शांति मिलती है तो यह स्थान अच्छा होना जरूरी है। आपकी आय काफी हद तक इस बात पर निर्भर करती है कि घर में पूजाघर कहाँ है। वास्तु की नजर से पूजाघर घर के बाहर एक अलग स्थान देवता के लिए रखा जाता था जिसे परिवार का मंदिर कहते थे। बदलते दौर के साथ एकल परिवार का चलन बढ़ा है इसलिए पूजा का कमरा घर के भीतर ही बनाया जाने लगा है अतएव वास्तु अनुसार पूजाघर का स्थान नियोजन और सजावट की जाए तो सकारात्मक ऊर्जा अवश्य प्रवाहित होती है। घर में पूजा घर या पूजा का स्थान ईशान कोण में होना चाहिए। पूजा घर में मूर्तियाँ या फोटो इस तरह से रखनी चाहिए कि वे आमने-सामने न हों। घर में सार्वजनिक मंदिर की तरह पूजा कक्ष में गुम्बद, ध्वजा, कलश, त्रिशूल या शिवलिंग इत्यादि नहीं रखने चाहिए। मूर्तियाँ बार अंगुल से अधिक ऊँची नहीं रखना चाहिए। पूजा गृह शयन कक्ष में नहीं होना चाहिए। यदि शयनकक्ष में पूजा का स्थान बनाना मजबूरी हो तो वहां पर्दे की व्यवस्था करनी चाहिए। पूजा गृह हेतु सफेद, हल्का पीला अथवा हल्का गुलाबी रंग शुभ होता है। वास्तु के अनुसार भगवान के लिए उत्तर-पूर्व की दिशा श्रेष्ठ रहती है। इस दिशा में पूजाघर स्थापित करें। यदि पूजाघर किसी ओर दिशा में हो तो पानी पीते समय मुँह ईशान कोण यानी उत्तर-पूर्व दिशा की ओर रखें। पूजाघर के ऊपर या नीचे की मंजिल पर शौचालय या रसोईघर नहीं होना चाहिए, न ही इनसे सटा हुआ। सीढ़ियों के नीचे पूजा का कमरा बिलकुल नहीं बनवाना चाहिए। यह हमेशा ग्राउंड फ्लोर पर होना चाहिए, तहखाने में नहीं। पूजा का कमरा खुला और बड़ा बनवाना चाहिए।

शयन कक्षः शयन कक्ष अर्थात बेडरूम हमारे निवास स्थान की सबसे महत्वपूर्ण जगह है। इसका सुकून और शांतिभरा होना जरूरी है। कई बार शयन कक्ष में सभी तरह की सुविधाएं होने के कारण भी चैन की नींद नहीं आती। कोई टेंशन नहीं है फिर भी चैन की नींद नहीं आती तो इसका कारण शयन कक्ष का गलत स्थान पर निर्माण होना है। मुख्य शयन कक्ष, जिसे मास्टर बेडरूम भी कहा जाता हैं, घर के दक्षिण-पश्चिम (नैऋत्य) या उत्तर-पश्चिम

(वायव्य) की ओर होना चाहिए। अगर घर में एक मकान की ऊपरी मंजिल है तो मास्टर ऊपरी मंजिल मंजिल के दक्षिण-पश्चिम कोने में होना चाहिए। शयन कक्ष में सोते समय हमेशा सिर दीवार से सटाकर सोना चाहिए। पैर दक्षिण और पूर्व दिशा में करने नहीं सोना चाहिए। उत्तर दिशा की ओर पैर करके सोने से स्वास्थ्य लाभ तथा आर्थिक लाभ की संभावना रहती है। पश्चिम दिशा की ओर पैर करके सोने से शरीर की थकान निकलती है, नींद अच्छी आती है। बिस्तर के सामने आईना कतई न लगाएँ। शयन कक्ष के दरवाजे के सामने पलंग न लगाएँ। डबलबेड के गद्दे अच्छे से जुड़े हुए होने चाहिए। शयन कक्ष में कभी भी देवी-देवताओं या पूर्वजों के चित्र नहीं लगाने चाहिए। इस कक्ष में पलंग दक्षिणी दीवारों से सटा होना चाहिए। सोते समय सिर दक्षिण या पूर्व दिशा में होना चाहिए। ज्ञान प्राप्ति के लिए पूर्व की ओर तथा धन प्राप्ति के लिए दक्षिण की ओर सिर करके सोना प्रशस्त है। शयन कक्ष में सोते समय पैर दरवाजे की तरफ नहीं होना चाहिए। सोते समय जातक को कभी भी वास्तु पद में तिर्यक् रेखा में नहीं सोना चाहिए। ऐसा करने से जातक को गम्भीर बीमारियाँ हो जाती हैं। शयन कक्ष में दर्पण नहीं होना चाहिए, इससे परस्पर कलह होता है। इस कक्ष की दीवारों का रंग हल्का होना चाहिए। शयन कक्ष के दरवाजे करकराहट की आवाजें नहीं करने चाहिए। शयन कक्ष में धार्मिक चित्र नहीं लगाने चाहिए। पलंग का आकार यथासंभव चौकोर रखना चाहिए। पलंग की स्थापना छत के बीम के नीचे नहीं होनी चाहिए। लकड़ी से बना पलंग श्रेष्ठ रहता है। लोहे से बने पलंग वर्जित कहे गए हैं। रात्रि में सोते समय नीले रंग का लैम्प जलाएँ। कभी भी सिरहाने पानी का जग अथवा गिलास रखकर न सोएँ। शयन कक्ष में कमरे के प्रवेश द्वार के सामने वाली दीवार के बाएँ कोने पर धातु की कोई चीज लटकाकर रखें। वास्तुशास्त्र के अनुसार यह स्थान भाग्य और संपत्ति का क्षेत्र होता है। इस दिशा में दीवार में दरारें हों तो उसकी मरम्मत करवा दें। इस दिशा का कटा होना भी आर्थिक नुकसान का कारण होता है। इस बात का ध्यान रखना चाहिए कि बेडरूम में प्रवेश करने पर वहाँ शांति और खुशहाली का आभास होना चाहिए, यह आपके सुखमय जीवन के लिए अच्छा है। प्यार भरा माहौल

बनाये रखने के लिए फूलो और खुद की कुछ फोटो लगाई जा सकती है। नींद के लिए दक्षिण की ओर इशारा करते है। जब आप सो जाओ अपने सिर दक्षिण की ओर इंगित करना चाहिए। उत्तर में चुंबकीय ऊर्जा विद्यमान होती है, जिससे रक्त उत्तेजित होगा और यह वास्तव में आपकी नींद बर्बाद कर सकते हैं।

टेलीविजन या टेलीफोन

भवन निर्माण में वास्तु दक्षिण दिशा आग की दिशा मानी जाती है, इसलिए इस दिशा में सभी इलेक्ट्रॉनिक्स का सामान रखा जाना चाहिए। आप दक्षिण पश्चिम दिशा में अपने टेलीफोन, टीवी आदि रखे तो यह निश्चित रूप से आप के लिए फायदेमंद होगा।

अध्ययन कक्षः पूर्व, उत्तर, ईशान तथा पश्चिम के मध्य में अध्ययन कक्ष बनाया जा सकता है। अध्ययन करते समय दक्षिण तथा पश्चिम की दीवार से सटाकर पूर्व तथा उत्तर की ओर मुख करके बैठें। अपनी पीठ के पीछे द्वार अथवा खिड़की न हो। अध्ययन कक्ष का ईशान कोण खाली हो। घर में अध्ययन का स्थान ईशान या पश्चिम मध्य में होना चाहिए। टेबल तथा कुर्सी इस प्रकार से रखने चाहिए कि पढ़ते समय मुख उत्तर या पूर्व दिशा में हो। पीठ के पीछे दीवार हो किन्तु खिड़की या दरवाजा न हो तथा बीम के नीचे न हो। अध्ययन कक्ष में किताब रखने की आलमारी दक्षिणी दीवार पर या पश्चिम दीवार पर होनी चाहिए। आलमारी कभी भी नैऋत्य या वायव्य कोण में नहीं होनी चाहिए। अध्ययन कक्ष का रंग हल्का हरा, बादामी, हल्का आसमानी या सफेद रखना अच्छा होता है। इसी प्रकार से जातक के राशि के रंगों के अनुसार गृह में रंगों का प्रयोग पर्दे, चादर इत्यादि में कभी किया जा सकता है। वास्तुशास्त्र के इन सामान्य सूत्रों के प्रयोग से मानव अपने जीवन में अधिक लाभ प्राप्त कर सकता हैं।

रसोईघरः भोजन की गुणवत्ता बनाए रखने और उत्तम भोजन निर्माण के लिए रसोईघर का स्थान घर में सबसे महत्वपूर्ण माना गया है। यदि हम भोजन अच्छा करते हैं तो हमारा दिन भी अच्छा गुजरता है। यदि रसोई कक्ष का निर्माण सही दिशा में नहीं किया गया है तो परिवार के सदस्यों को भोजन से

पाचन संबंधी अनेक बीमारियाँ हो सकती हैं। रसोईघर के लिए सबसे उपयुक्त स्थान आग्नेय कोण यानी दक्षिण-पूर्वी दिशा है, जो कि अग्नि का स्थान होता है। दक्षिण-पूर्व दिशा के बाद दूसरी वरीयता का उपयुक्त स्थान उत्तर-पश्चिम दिशा है। भोजन करते समयपूर्व या उत्तरमुखी बैठकर भोजन करें। भोजन, भोजन कक्ष में ही करें। रसोईघर में भोजन पकाते समय आपका मुख पूर्व दिशा में होना चाहिए। रसोई गृह में भोजन बनाते समय गृहिणी का मुख पूर्व या उत्तर दिशा की तरफ होना चाहिए। बरतन, मसाले, राशन इत्यादि पश्चिम दिशा में रखने चाहिए। बिजली के उपकरण दक्षिण-पूर्व में रखने चाहिए। जूठे बरतन तथा चूल्हे की स्लैब अलग होनी चाहिए। रसोईघर में दवाइयाँ नहीं रखनी चाहिए। रसोईघर में काले रंग का प्रयोग नहीं करना चाहिए। यह हरा, पीला, क्रीम या गुलाबी रंग का हो सकता है।

रसोईघर में पीने का पानी उत्तर-पूर्व दिशा में रखना चाहिए। रसोईघर में गैस दक्षिण-पूर्व दिशा में रखना चाहिए। रसोईघर में भोजन करते समय आपका मुख उत्तर-पूर्व दिशा में होना चाहिए। फ्रिज पश्चिम, दक्षिण, दक्षिण-पूर्व या दक्षिण-पश्चिम दिशा में रखा जा सकता है। खाद्य सामग्रियों, बर्तन, क्रॉकरी इत्यादि के भंडारण के लिए स्थान पश्चिम या दक्षिण दिशा में बनाना चाहिए। रसोईघर में पूजा का स्थान नहीं होना चाहिए। खाने की मेज को रसोईघर में नहीं रखा जाना चाहिए। मजबूरी है रखना तो उत्तर-पश्चिम दिशा में रखना चाहिए ताकि भोजन करते समय चेहरा पूर्व या उत्तर हो।

बैठक कक्षः घर का यह कमरा अत्यंत महत्वपर्ण है। इस कक्ष में फर्नीचर, शो केस तथा अन्य भारी वस्तुएं दक्षिण-पश्चिम या नैऋत्य में रखनी चाहिए। फर्नीचर रखते समय इस बात का ध्यान रखे कि घर का मालिक बैठते समय पूर्व या उत्तर की ओर मुख करके बैठे। इस कक्ष में यदि कृत्रिम पानी का फव्वारा या अक्वेरियम रखना हो तो उसे उत्तर-पूर्व कोण में रखना चाहिए। टीवी दक्षिण-पश्चिम या अग्नि कोण में रखा जा सकता है। बैठक में ही मृत पूर्वजों के चित्र दक्षिण या पश्चिमी दीवार पर लगाना चाहिए। इस कक्ष की दीवारों का हल्का नीला, आसमानी, पीला, क्रीम या हरे रंग का होना उत्तम होता है। कुछ वास्तुकार अतिथि कक्ष को वाव्यव कोण में होना लाभप्रद मानते

हैं। इसका कारण है कि इस दिशा के स्वामी वायु होते हैं तथा ग्रह चंद्रमा। वायु एक जगह नहीं रह सकते तथा चंद्रमा का प्रभाव मन पर पड़ता है। अतः वायव्य कोण में अतिथि गृह होने पर अतिथि कुछ ही समय तक रहता है तथा पूर्व आदर-सत्कार पाकर लौट जाता है, जिससे पारिवारिक मतभेद पैदा नहीं होते। अतिथि देवता के समान होता है तो उसका कक्ष उत्तर-पूर्व या उत्तर-पश्चिम दिशा में ही होना चाहिए। यह मेहमान के लिए शुभ होता है। घर की उत्तर-पूर्व दिशा (ईशान कोण) में अतिथि कक्ष (गेस्ट रूम) होना उत्तम माना गया है। दक्षिण-पश्चिम दिशा में नहीं बनाना चाहिए क्योंकि यह दिशा केवल घर के स्वामी के लिए होती है। उत्तर-पश्चिम दिशा आपके मेहमानों के ठहरने के लिए सबसे सुविधाजनक दिशा है। आप आग्नेय कोण अर्थात दक्षिण-पूर्वी दिशा में भी गेस्टरूम बना सकते हैं। अतिथि को ऐसे कमरे में ठहराना चाहिए, जो अत्यंत साफ व व्यवस्थित हो। जिसे देखकर मेहमान का मन खुश हो जाए। कभी भी गेस्टरूम में लोहे का सामान नहीं रखना चाहिए, अन्यथा अतिथि को लगेगा कि उसे बोझ समझा जा रहा है। इस अवस्था में मेहमान तनाव महसूस कर सकता है। अगर आप अपना गेस्टरूम दक्षिणी दिशा में बनाना चाहते हैं तो वास्तु विशेषज्ञ से परामर्श ले। गेस्टरूम का दरवाजा वास्तु के हिसाब से पूर्व दिशा में तथा दूसरा दक्षिण दिशा में होना चाहिए। गेस्टरूम में खिड़की उत्तर दिशा, पश्चिमी दिशा में या फिर उत्तर-पूर्व कोने में होनी चाहिए। यदि गेस्टरूम वायव्य कोण (उत्तर-पश्चिम) या आग्नेय कोण में है तो आपको इस रूम का बाथरूम नैऋत्य कोण में बनाना चाहिए और उत्तर पूर्वी कोने में एक खिड़की जरूर रखना चाहिए। उत्तर-पूर्वी दिशा में बना पूर्वमुखी या उत्तरमुखी दरवाजा गेस्टरूम के लिए सबसे उत्तम होता है।

मुख्य सिद्धांत

1. घर का मुख्य द्वार 4 में से किसी 1 दिशा में हो। वे 4 दिशाएं हैं-ईशान, उत्तर, वायव्य और पश्चिम। 2. घर के सामने आँगन और पीछे भी आँगन हो जिसके बीच में तुलसी का एक पौधा लगा हो। 3. घर के सामने या निकट तिराहा-चौराहा नहीं होना चाहिए। 4. घर का दरवाजा दो पल्लों का होना चाहिए अर्थात बीच में से भीतर खुलने वाला हो। दरवाजे की दीवार के

दाएँ 'शुभ' और बाएँ 'लाभ' लिखा हो। 5. घर के प्रवेश द्वार के ऊपर स्वस्तिक अथवा 'ॐ' की आकृति लगाएँ। 6. घर के अंदर आग्नेय कोण में किचन, ईशान में प्रार्थना-ध्यान का कक्ष हो। नैऋत्य कोण में शौचालय, दक्षिण में भारी सामान रखने का स्थान आदि हो। 7. घर में बहुत सारे देवी-देवताओं के चित्र या मूर्ति न रखें घर में मंदिर न बनाएँ। 8. घर के सारे कोने और ब्रह्म स्थान (बीच का स्थान) खाली रखें। 9. घर की छत में किसी भी प्रकार का उजालदान न रखें। 10. घर हो मंदिर के आसपास तो घर में सकारात्मक ऊर्जा बनी रहती है। 11. घर में किसी भी प्रकार की नकारात्मक वस्तुओं का संग्रह न करें और अटाला भी इकट्ठा न करें। 12. घर में सीढ़ियाँ विषम संख्या (5, 7, 9) में होनी चाहिए। 13. उत्तर, पूर्व तथा उत्तर-पूर्व (ईशान) में खुला स्थान अधिक रखना चाहिए। 14. घर के ऊपर केसरिया ध्वज लगाकर रखें। 16. घर में किसी भी तरह के नकारात्मक पौधे या वृक्ष रोपित न करें। 17. घर में टूटे-फूटे बर्तन एवं कबाड़ को जमा करके रखने से घर में नकारात्मक ऊर्जा का संचार होता है। बहुत से लोग घर की छत पर अथवा सीढ़ी के नीचे कबाड़ जमा करके रखते हैं, जो धन वृद्धि में बाधक होता है।

भूमि चयन: मकान के लिए भूमि का चयन करना सबसे ज्यादा महत्व रखता है। शुरुआत तो वहीं से होती है। भूमि कैसी है और कहाँ है यह देखना जरूरी है। भूमि भी वास्तु अनुसार है तो आपके मकान का वास्तु और भी अच्छे फल देने लगेगा।

वास्तु: मकान बनाने से पहले याद रखें यह 5 बातें

भूमि के प्रकार: 1. उत्तम: ब्रह्म, पितामह, दीर्घायु, सुपथ, स्थंडिल और अर्गल भूमि। 2. मध्यम: पुण्यक, स्थावर, चर, सुस्थान और सुतल भूमि। 3. निम्न: आपथ, रोगकर, श्येनक, शंडुल, श्मशान, सम्मुख और स्वमुख। आपका मकान मंदिर के पास है तो अति उत्तम। थोड़ा दूर है तो मध्यम और जहाँ से मंदिर नहीं दिखाई देता वह निम्नतम है। मकान मंदिर के एकदम पीछे नहीं दाएँ-बाएँ बनाएँ या सामने बनाएँ। मकान उस शहर में हो जहाँ 1 नदी, 5 तालाब, 21 बावड़ी और 2 पहाड़ हो। मकान पहाड़ के उत्तर की ओर बनाएँ। मकान शहर के पूर्व, पश्चिम या उत्तर दिशा में बनाएँ। मकान के सामने

तीन रास्ते न हों। अर्थात तीन रास्तों पर मकान न बनाएँ मकान के सामने खंभा न हो। मकान में ईशान और उत्तर दिशा को छोड़कर और कहीं कुँऊा या पानी का टैंक नहीं होना चाहिए।

भूमि का ढाल: सूरज हमारी ऊर्जा का प्रमुख स्रोत है अत: हमारे वास्तु का निर्माण सूरज की परिक्रमा को ध्यान में रखकर होगा तो अत्यंत उपयुक्त रहेगा। सूर्य के बाद चंद्र का असर इस धरती पर होता है तो सूर्य और चंद्र की परिक्रमा के अनुसार ही धरती का मौसम संचालित होता है। उत्तरी और दक्षिणी ध्रुव धरती के दो केंद्र बिंदु हैं। उत्तरी ध्रुव जहाँ बर्फ से पूरी तरह ढंका हुआ एक सागर है, जो आर्कटिक सागर कहलाता है वहीं दक्षिणी ध्रुव ठोस धरती वाला ऐसा क्षेत्र है, जो अंटार्कटिका महाद्वीप के नाम से जाना जाता है। ये ध्रुव वर्ष-प्रतिवर्ष घूमते रहते हैं। दक्षिणी ध्रुव उत्तरी ध्रुव से कहीं ज्यादा ठंडा है। यहां मानवों की बस्ती नहीं है। इन ध्रुवों के कारण ही धरती का वातावरण संचालित होता है। उत्तर से दक्षिण की ओर ऊर्जा का खिंचाव होता है। शाम ढलते ही पक्षी उत्तर से दक्षिण की ओर जाते हुए दिखाई देते हैं। अत: पूर्व, उत्तर एवं ईशान की और जमीन का ढाल होना चाहिए।

उत्तर दिशा: इस दिशा में घर के सबसे ज्यादा खिड़की और दरवाजे होने चाहिए। घर की बालकनी व वॉश बेसिन भी इसी दिशा में होना चाहिए। यदि घर का द्वार इस दिशा में है और अति उत्तम।

दक्षिण दिशा: दक्षिण दिशा में किसी भी प्रकार का खुलापन, शौचालय आदि नहीं होना चाहिए। घर में इस स्थान पर भारी सामान रखें। यदि इस दिशा में द्वार या खिड़की है तो घर में नकारात्मक ऊर्जा रहेगी और ऑक्सीजन का लेवल भी कम हो जाएग। इससे गृह कलह बढ़ेगी।

पूर्व दिशा: पूर्व दिशा सूर्योदय की दिशा है। इस दिशा से सकारात्मक व ऊर्जावान किरणें हमारे घर में प्रवेश करती हैं। यदि घर का द्वार इस दिशा में है तो मात्र उत्तम। खिड़की रख सकते हैं।

पशिचम दिशा: आपका रसोईघर या टॉयलेट इस दिशा में होना चाहिए। रसोईघर और टॉयलेट पास-पास न इसका भी ध्यान रखें। उत्तर-पूर्व दिशा: इसे

ईशान दिशा भी कहते हैं। यह दिशा जल का स्थान है। इस दिशा में बोरिंग, स्वीमिंग पूल, पूजास्थल आदि होना चाहिए। यदि इस दिशा में घर का द्वार है तो सोने पर सुहागा।

उत्तर-पश्चिम दिशाः इसे वायव्य दिशा भी कहते हैं। इस दिशा में आपका बेडरूम, गैरेज, गौशाला आदि होना चाहिए।

दक्षिण-पूर्व दिशाः इसे घर का आग्नेयकोण कहते हैं। यह अग्नि तत्व की दिशा है। इस दिशा में गैस, बॉयलर, ट्रांसफॉर्मर आदि होना चाहिए।

दक्षिण-पश्चिम दिशाः इस दिशा को नैऋत्य दिशा कहते हैं। इस दिशा में खुलापन अर्थात खिड़की, दरवाजे बिलकुल ही नहीं होना चाहिए। घर के मुखिया का कमरा यहां बना सकते हैं। कैश काउंटर, मशीनें आदि आप इस दिशा में रख सकते हैं।

छत / पोर्टिको / पोर्च / बालकॉनियां

स्वास्थ्य, धन और खुशी लाने के लिए ये सभी केवल भवन के उत्तर, पूर्व और उत्तर-पूर्व पक्षों में स्थित होना चाहिए। बालकॉनियॉ को उत्तर और पूर्व का सामना करना चाहिए।

कहाँ बनायें कारों के लिए गैरेज

गैराज के लिए सबसे अच्छी जगह दक्षिण-पूर्व या उत्तर-पश्चिम है और गैराज दीवारों पर पूर्व या उत्तर की दीवारों स्पर्श नहीं करना चाहिए। उत्तर-पश्चिम और दक्षिण-पश्चिम हिस्से सेवकों, कार पार्किंग आदि के लिए इस्तेमाल किया जाना चाहिए।

ओवर हेड टैंक

उत्तर-पश्चिम या दक्षिण-पश्चिम क्षेत्रों के ओवरहेड टैंक के लिए सही हैं। चूंकि यह एक ऊँचाई पर वजन होने की है इसलिए दक्षिण-पश्चिम सबसे अच्छा है। एहतियात रखें कि ओवरहेड टैंक मुख्य भवन स्पर्श नहीं किया जाना चाहिए।

कहाँ बनायें स्विमिंग पूल

एक स्विमिंग पूल का पता लगाने के लिए सबसे अच्छी जगह उत्तर-पूर्व की ओर है। यह एक कोने में स्विमिंग पूल जहाँ गोपनीयता सुनिश्चित किया जाता है इसके निर्माण करने के लिए बेहतर है।

कहाँ हो भूमिगत जलाशय या पानी की टंकी (अंडरग्राउंड या ओवरहेड टैंक)

भूमिगत जलाशय या पानी की टंकी के लिए सही जगह उत्तर-पूर्व है। यह ईश्वर की जगह है और भगवान की जगह सुप्रीम है। इसलिए पानी के लिए सही चुनाव उत्तरी ओर पूर्वी क्षेत्र है।

कहाँ लगाएँ पेड़

पौधों और उनके वृक्षारोपण के बारे में वास्तु अवधारणाओं को ध्यान में रखा जाना चाहिए ताकि ये आपके घर में सिर्फ अल्पज्ञता सुंदर बनाने के लिए नहीं, अपितु आपके लिए लाभदायक बने। दक्षिण-पूर्व और दक्षिण-पश्चिम बगीचे या वृक्षारोपण के किसी भी प्रकार के लिए चयनित होने के लिए सही नहीं हैं। अविकसित और सूखे पोधे घर के वातावरण को बोझिल बनाते है।

मुख्य द्वार या बाहरी गेट्स

आम तौर पर उत्तर, उत्तर-पूर्व और पूर्व दिशाओं में फाटक शुभ और अच्छे हैं। दक्षिण सड़क का सामना करते हुए गेट्स बेहतर नही माने जाते माने गए है। दक्षिण रोड भूखंडों में दक्षिण-पश्चिम गेट से बचा जाना चाहिए। दक्षिण-पूर्वी गेट एक बेहतर विकल्प है। एक भूखंड पश्चिम (पश्चिमी किनारे पर सड़क) दक्षिण-पश्चिम मुख्य प्रवेश द्वार से बचना चाहिए जबकि उत्तर-पश्चिम गेट एक बेहतर विकल्प है। पूर्व या उत्तर दिशा मुख्य द्वार रखने के लिए सबसे अच्छा है।

घर बनाते समय ध्यान / सावधानियाँ

–आप अपना घर / भवन निर्माण के समय नींव के पहले ही एक ईंट घर के पूर्वी या उत्तरी भाग में रखा जाना चाहिए।

–ध्यान रखें, भूखंड की खुदाई पश्चिम, दक्षिण या दक्षिण–पश्चिम दिशा से शुरू नहीं करनी चाहिए।

–सबसे पहले घर के दक्षिण पश्चिम की ओर से निर्माण किया जाना चाहिए।

–एक चौकोर या आयताकार भूखंड पर मकान का निर्माण हर पहलू से अत्यंत महत्वपूर्ण और उत्कृष्ट है।

–घर हमेशा हर तरफ से खुला होना चाहिए, इसका मतलब यह है कि यह किसी भी अन्य इमारत से सटे नही होने चाहिए (दो घरों में एक आम दीवार नहीं होनी चाहिए)।

–त्रिकोणीय आकार के साथ भूखंड अत्यंत अशुभ हैं।

–दो बड़े भूखंडों के बीच एक छोटे से भूखंड का होना शुभ होता है, और इस तरह के एक भूखंड के मालिक समस्या का सामना कर सकते हैं।

–प्रत्येक कमरे के दरवाजे पूर्व का सामना करते हुए होने चाहिए।

–बेडरूम दक्षिण और पश्चिम में होना चाहिए।

–दक्षिण और पश्चिम की दीवार दर्पण के लिए शुभ स्थान हैं।

–आपके घर का पूजा का कमरा उत्तर पूर्व में होना चाहिए। सभी मूर्तियों और तस्वीरों का सामना पूर्व या पश्चिम दिशा में होना चाहिए।

–आपके घर में शौचालय की सीट केवल उत्तर–दक्षिण में होनी चाहिए। यह पूर्व–पश्चिम में नहीं होनी चाहिए।

–आपके घर की उत्तर और पूर्व की तरफ के परिसर की दीवार स्पर्श नहीं करना चाहिए।

–आपके घर की सीढ़ियाँ हमेशा क्लॉक वाइज / घड़ी की दिशा में होनी चाहिए।

–कुछ भी भूमिगत उत्तर या पूर्व में होना चाहिए।

–जमीन से ऊपर कुछ भी दक्षिण या पश्चिम में होना चाहिए।

–बरामदे उत्तर या पूर्व परिसर की दीवार स्पर्श करते हुए नही होने चाहिए।

–बड़े पेड़ उत्तर या पूर्व में नहीं उगाने चाहिए। वे घर के दक्षिण या पश्चिम की ओर होने चाहिए।

–पढ़ने या किसी भी व्यापार समझौते, लेनदेन समय चेहरा पूर्व या उत्तर में होना में होना चाहिए।

–घर में दरवाजे और खिड़कियों की कुल संख्या हर मंजिल के लिए भी संख्या में होना चाहिए, लेकिन जैसे 10, 20, 30 के दरवाजे की चौड़ाई शून्य में खत्म नहीं करना चाहिए।

–दरवाजा भी अधिक, बहुत कम, बहुत विस्तृत या बहुत संकीर्ण नहीं होने चाहिए। दरवाजे आयताकार होना चाहिए और वर्ग के दरवाजे से हमेशा के लिए बचा जाना चाहिए।

–आपके घर में कभी भी रो रही महिला, युद्ध के दृश्य, गुस्से में आदमी, उल्लू, बाज आदि के पोस्टर नहीं लगाने चाहिए। वे अशुभ माने जाते है।

–आपके घर में दरवाजे कमरे के अंदर खुलने चाहिए और बाहर की तरफ नहीं खोलने चाहिए।

–हमेशा ही चार पैर के बिस्तर (बेड) का उपयोग करें। कभी बॉक्स टाइप बेड का इस्तेमाल न करे क्योंकि यह बिस्तर स्वास्थ्य के लिए बुरा है, और इसके तहत हवा का संचालन बंद हो जाता है।

–सीढ़ियों के नीचे कोई भी जगह नहीं बनाया जाना चाहिए।

–दीवार में अलमारी घर के दक्षिणी या पश्चिमी दिशा में होना चाहिए।

–आपकी रसोई, चक्की, फ्रिज, अलमारी और अन्य भारी सामान दक्षिण और पश्चिम दीवार की ओर होना चाहिए।

–पहली मंजिल पर दरवाजे और खिड़कियां ग्राउंड फ्लोर से कम या ज्यादा होनी चाहिए, एक समान नहीं होनी चाहिए। संभव हो, तो अपना मकान बनवाते समय अपनी जन्मपत्रिका के अनुसार प्रवेशद्वार बनवाएँ, परंतु इतना जरूर ध्यान रखें कि प्रवेशद्वार मकान के किसी भी कोण में न हो।

–मकान के उत्तर-पूर्व कोण में कचरा बिल्कुल न डालें. उस जगह को साफ-सुथरा रखें।

–मकान का ज्यादा खुला हिस्सा पूर्व और उत्तर में होना चाहिए।

–कार पार्किंग, नौकरों के लिए कमरा, आउटहाउस आदि दक्षिण-पूर्व या उत्तर-पश्चिम कोण में होने चाहिए, उनके कमरों की दीवारों से उत्तर और पूर्व की दीवार जुड़नी नहीं चाहिए और उनकी ऊँचाई प्रमुख भवन से छोटी होनी चाहिए।

–पोर्च, पोर्टिको या बालकनी उत्तर, पूर्व या उत्तर-पूर्व दिशा में होनी चाहिए. सुख, समृद्धि व स्वास्थ्य के लिए यह लाभदायक है।

–छत हमेशा उत्तर-पूर्व, उत्तर या पूर्व की ओर होनी चाहिए. दक्षिण और पश्चिम में नहीं होनी चाहिए।

मकान की चारदीवारी उत्तर और पूर्व में नीची और पश्चिम व दक्षिण में ऊँची होनी चाहिए।

–भवन का मध्य भाग खुला रहने दे, अथवा अन्य कमरों में आने-जाने के रास्ते की तरह इस्तेमाल करें, क्योंकि इसे ब्रह्मस्थान माना गया है।

–सोलर हीटर मकान के दक्षिण-पूर्व में रखना चाहिए, मकान पर स्थित पानी की टंकी हमेशा दक्षिण-पश्चिम कोने में होनी चाहिए. सीढ़ी और लिफ्ट पश्चिम, दक्षिण दिशा में होनी चाहिए।

–मकान के पश्चिम, दक्षिण और दक्षिण-पश्चिम भाग में वजनी सामान रखा जाना चाहिए।

२. आदर्श परिवार

परिवार

सभी समाजों में बच्चों का जन्म और पालन पोषण परिवार में होता है। बच्चों का संस्कार करने और समाज के आचार व्यवहार में उन्हें दीक्षित करने का काम मुख्य रूप से परिवार में होता है। इसके द्वारा समाज की सांस्कृतिक विरासत एक से दूसरी पीढ़ी को हस्तांतरित होती है। व्यक्ति की सामाजिक मर्यादा बहुत कुछ परिवार से ही निर्धारित होती है। नर–नारी के यौन संबंध मुख्यतः परिवार के दायरे में निबद्ध होते हैं। औद्योगिक सभ्यता से उत्पन्न जनसंख्या समाजों और नगरों को यदि छोड़ दिया जाए तो व्यक्ति का परिचय

मुख्यतः उसके परिवार और कुल के आधार पर होता है। संसार के विभिन्न प्रदेशों और विभिन्न कालों में यद्यपि रचना, आकार, संबंध और कार्य की दृष्टि से परिवार के अनेक भेद हैं किंतु उसके यह उपर्युक्त कार्य सार्वदेशिक और सार्वकालिक हैं। उसमें देश, काल, परिस्थिति और प्रथा आदि के भेद से एक या अनेक पीढ़ियों का और एक या अनेक दंपतियों अथवा पति-पत्नियों के समूहों का होना संभव है, उसके सदस्य एक पारिवारिक अनुशासन व्यवस्था के अतिरिक्त पति और पत्नी, भाई और बहन, पितामह और पौत्र, चाचा और भतीजे, सास और पुत्रवधू जैसे संबंधों तथा कर्तव्यों एवं अधिकारों से परस्पर आबद्ध, अन्य सामाजिक समूहों के संदर्भ में एक घनिष्टतम अंतरंग समूह के रूप में रहते हैं। परिवार के दायरे में स्त्री और पुरुष के बीच कार्य विभाजन भी सार्वत्रिक और सार्वकालिक है। स्त्रियों का अधिकांश समय घर में व्यतीत होता है। भोजन बनाना, बच्चों की देख-रेख और घर की सफाई करना और कपड़ों की सिलाई आदि ऐसे काम हैं जो स्त्री के हिस्से में आते हैं। पुरुष बाहरी तथा अधिक श्रम के कार्य करता है, जैसे खेती, व्यापार, उद्योग, पशुचारण, शिकार और लड़ाई आदि। तब भी यह कार्यविभाजन सब समाजों में एक सा नहीं है, कोई बड़ी सामान्य सूची भी बनाना कठिन है क्योंकि कई समाजों में स्त्रियाँ भी खेती और शिकार जैसे कामों में हिस्सा लेती हैं।

उत्पत्ति

विवाह के रूपों से परिवार के रूपों का घनिष्ट संबंध है। लेविस मार्गन आदि विकासवादियों का मत है कि मानव समाज की प्रारंभिक अवस्था में विवाह प्रथा नहीं थी और पूर्ण कामाचार प्रचलित था। इसके बाद सामाजिक विकासक्रम में यूथ विवाह (कई पुरुषों और कई स्त्रियों का सामूहिक रूप से पति पत्नी होना।), बहुपतित्व, बहुपत्नीत्व और एकपत्नीत्व या एकपतित्व की अवस्था आई। वस्तुतः बहुविवाह और एकपत्नीत्व की प्रथा असभ्य और सभ्य सभी समाजों में पाई जाती है। अतः यह मत साक्ष्यसंमत नहीं प्रतीत होता। मानव शिशु के पालन पोषण के लिए लंबी अवधि अपेक्षित है और पहले बच्चें की बाल्यावस्था में ही अन्य छोटे बच्चे उत्पन्न होते रहते हैं। गर्भावस्था और प्रसूतिकाल में माता की देख-रेख आवश्यक है। फिर, पशुओं की भाँति

मनुष्य में रति की कोई विशेष ऋतु नहीं है। अतः संभवतः मानव समाज के प्रारंभ में या तो पूरा समुदाय या फिर पति पत्नी तथा बच्चों का समूह ही परिवार था।

मानव वैज्ञानिकों को कोई ऐसा समाज नहीं मिला जहाँ विवाह संबंध परिवार के अंदर ही होते हों, अतः पितृस्थानीय परिवार में पत्नी को और मातृस्थानीय परिवार में पति को अतिरिक्त सदस्यता प्रदान की जाती है। युगल परिवार में पति और पत्नी मिलकर अपनी पृथक् गृहस्थी स्थापित करते हैं। किंतु अधिकांश समाजों में यह परिवार बृहत्तर कौटुंबिक समूह का अंग माना जाता है और जीवन के अनेक प्रसंगों में परिवार पर बृहत्तर कौटुबिक समूह का, घनिष्ट संबध के अतिरिक्त, नियंत्रण होता है। अमरीका जैसे उद्योगप्रधान देशों में कुटुंबियों के सम्मिलित परिवार के स्थान पर युगल परिवार की बहुलता हो गई है। यद्यपि वहाँ का समाज पितृवंशीय है, फिर भी युगल परिवार वहाँ किसी एक बृहत्तर कुटुंब का अंग नहीं माना जाता। युगल परिवार में पति पत्नी और पैदा होने पर, उनके अविवाहित बच्चे होते हैं। सम्मिलित परिवारों में इनके अतिरिक्त विवाहित बच्चे और उनकी संतान, विवाहित भाई अथवा बहन और उनके बच्चे साथ रह सकते हैं। सम्मिलित परिवार में रक्त संबंधियों की परिधि भिन्न भिन्न समाजों में भिन्न भिन्न है। भारत जैसे देश में एक सम्मिलित परिवार में साधारणतः 10-12 सदस्य होते हैं, किंतु कुछ परिवारों में सदस्यों की संख्या 50-60 या 100 तक होती है।

विवाह, वंशावली, स्वामित्व और शासनाधिकार के विभिन्न रूपों के आधार पर परिवारों के विभिन्न रूप और प्रकार हो जाते हैं। मातृस्थानीय परिवार में पति अपनी पत्नी के घर का स्थायी या अस्थायी सदस्य बनता है, जबकि पितृस्थानीय परिवार में पत्नी पति के घर जाकर रहती है। मातृस्थानीय परिवार साधारणतः मातृवंशीय और पितृस्थानीय परिवार पितृवंशीय होते हैं। बहुधा परिवार की संपत्ति का स्वामित्व पितृस्थानीय परिवार में पुरुष को और मातृस्थानीय परिवार में नारी को प्राप्त है। प्रायः संपत्ति का उत्तराधिकारी ज्येष्ठ संतान होती है। किंतु यह आवश्यक नहीं है। भारत की गारो जैसी जनजाति में

सबसे छाटी लड़की ही पारिवारिक संपत्ति की स्वामिनी होती है। अनेक समाजों में परिवार के सभी स्त्री या पुरुष सदस्यों में स्वामित्व निहित होता है और कुछ में पुरुष तथा स्त्री दोनों को संपत्ति का उत्तराधिकार प्राप्त है। परिवार का शासन अधिकांश समाजों में पुरुषों के हाथ होता है। अंतर इतना है कि पितृवंशीय परिवारों में साधारणतः पिता अथवा घर का सबसे बड़ा पुरुष और मातृवंशीय परिवारों में मामा या माता का अन्य सबसे बड़ा रक्तसंबंधी (पुरुष) घर का मुखिया होता है। अतः संसार के अधिकांश भागों में और समाजों में पुरुष की प्रधानता पाई जाती है।

संसार गें दांपत्य जीवन में प्रायः एकपत्नीत्व ही सबसे अधिक प्रचलित है, यद्यपि अनेक समाजों में पुरुषों को एक से अधिक पत्नियाँ रखने की भी छूट है। इसके विपरीत टोडा और खस जनजातियों में और तिब्बत के कुछ प्रदेशों में बहुपति प्रथा तथा एक प्रकार के यूथ विवाह की प्रथा है। इसी प्रकार भारत में खासी, गारो और अमरीका में होपी, हैडिया जैसी जनजातियाँ भी हैं जो मातृस्थानीय और मातृवंशीय हैं। विवाह के इन रूपों में परिवार की रचना और स्वरूप में अंतर पड़ जाता है।

आधुनिक औद्योगिक क्रांति के फलस्वरूप परिवार की रचना और कार्यों में गंभीर परिवर्तन परिलक्षित हुए हैं। पहले सभी समाजों में परिवार समाज की सबसे महत्वपूर्ण और मौलिक संस्था थी। जीवन का अधिकांश व्यापार परिवार के माध्यम से संपन्न होता था। इन औद्योगिक समाजों में परिवार अब उत्पादन की इकाई नहीं है। बच्चों के शिक्षण का कार्य शिक्षण संस्थाओं ने लिया है। रसोई का कार्य व्यावसायिक भोजनालयों तथा जलपानगृहों में चला गया है। मनोरंजन के लिए पृथक् संगठन स्थापित हो गए हैं। सामाजिक सुरक्षा का उत्तरदायित्व राज्य के पास चला गया और धर्म के घटते हुए प्रभाव के कारण धार्मिक कृत्यों का स्थान गौण हो गया है। पति और पत्नी का अधिकांश समय घर के बाहर व्यतीत होता है। फिर भी परिवार बना हुआ है और उसके द्वारा कुछ महत्वपूर्ण कार्य संपन्न होते हैं, जिन्हें परिवार का स्थायी या अवशिष्ट कार्य कहा जाता है।

कबीली परिवार

जनजातियों में, जो सामाजिक विकासक्रम में आदिम अवस्था के अधिक निकट हैं, विवाह और परिवार के प्रायः सभी प्रकार मिलते हैं। इन विभिन्न प्रकारों में विकासक्रम की दृष्टि से पूर्वापर क्रम निर्धारित करना संभव नहीं है। कंद मूल और शिकार पर बसर करनेवाले अंडमानी आदिमवासियों में एकपत्नीत्व का नियम है और वे पितृवंशीय तथा पितृस्थानीय हैं। उत्तरी अमरीका के खेतिहर होपी कबीले में एकपत्नीत्व या एकपतित्व की प्रथा है किंतु व मातृवंशीय और मातृस्थानीय है। अधिकांश जनजातियों में परिवार का संयुक्त रूप है, किंतु जहाँ पति पत्नी अलग घर में रहते हैं, वे भी एक बृहत्तर परिवार के अंग होते हैं और यह परिवार सम्मिलित सम्पत्ति, आर्थिक क्रियाओं, धार्मिक कृत्यों तथा अनेक परिवारिक अधिकारों एवं कर्तव्यों आदि से ग्रथित एक पृथक् इकाई होता है। वंशावली के दो प्रकारों में से कोई कबीला या तो पितृवंशीय होता है या मातृवंशीय। जो कबीले मातृवंशीय हैं वे प्रायः मातृस्थानीय भी हैं, जहाँ पति परिवार का स्थायी या अस्थायी सदस्य होता है। गारो कबीले में तो वह आगंतुक मात्र है, जो रात भर का मेहमान होता है। किंतु मातृवंशीय और मातृस्थानीय कबीले बहुत कम हैं। बहुपतित्व कबीले तो और भी कम हैं। पितृवंशीय कबीलों में ही बहुपति प्रथा पाई गई है और इनमें नारी का वजूद पुरुष की अपेक्षा हीन है। पितृस्थानीय कबीलों में पुरुष को एक से अधिक पत्नी रखने की प्रायः छूट है, किंतु ऐसा बहुत कम होता है कि विशिष्ट तथा शक्तिशाली लोग ही ऐसा कर पाते हैं। ऐसी अवस्था में पत्नियाँ एक घर में भी रहती हैं और पास पास बने अलग अलग घरों में भी। यूथ विवाह अपने शुद्ध रूप में किसी भी कबीले में नहीं मिलता। जौनसार बाबर में भ्रातुक बहुपति प्रथा है। वहाँ सगे भाई कभी कभी एक से अधिक पत्नियाँ रख लेते हैं और वे सब भाइयों की सामूहिक पत्नियाँ होती हैं, जो एक गृहस्थी तथा परिवार का अंग होती हैं।

मातृवंशीय और मातृस्थानीय कबीलों में भी शासक वर्ग पुरुष है, किंतु नारी के अधिकारों तथा प्रतिष्ठा की दृष्टि से पितृवंशीय और पितृस्थानीय कबीलों की अपेक्षा इनकी स्थिति प्रायः अच्छी है। कई पितृवंशीय कबीलों में

भी नर और नारी का दर्जा लगभग समान है, तथापि अधिकांश कबीलों में पुरुष की अपेक्षा उसका दर्जा हीन है। कबीलों में विवाहविच्छेद और पुनर्विवाह का नियम है और इस संबंध से स्त्री और पुरुष को प्रायः समान अधिकार हैं। वास्तव में अधिकांश कबीले पितृवंशीय हैं और नारी को विवाह के बाद पुरुष के परिवार, कुटुंब और बस्ती में जाना पड़ता है, जहाँ पति के माता, पिता, भाई तथा अन्य रक्त संबंधी और मित्र होते हैं। वहाँ उसे पति के कुटुंबं का अंग होकर उसे बड़े लोगों के अनुशासन में रहना होता है और पति के कुलाचार का पालन करना होता है। विवाहविच्छेद की अवस्था में नारी को अपने माता पिता को शरण लेनी पड़ती है। मातृस्थानीय कबीलों में परिवार अधिक स्थायी दिखाई पड़ता है। यह रक्तसंबंधियों का नैसर्गिक समूह मालूम पड़ता है। बहुत कम कबीले ऐसे हैं जहाँ लड़के या लड़कियों को विवाह के पहले ब्रह्मचर्य पालन का नियम हो। इससे यह स्पष्ट हो जाता है कि परिवार का अस्तित्व नर नारी की वासनातृप्ति के लिए नहीं है, बल्कि परिवार द्वारा उसे मर्यादित किया जाता है।

भारत में परिवार

भारत मुख्यतः कृषिप्रधान देश है और यहाँ की पारिवारिक रचना प्रायः कृषि की आवश्यकताओं से प्रभावित है। इसके अतिरिक्त भारतीय परिवार की मर्यादाएँ और आदर्श परंपरागत है। किसी अन्य समाज में गृहस्थ जीवन की इतनी पवित्रता तथा पिता, पुत्र भाई भाई और पति पत्नी के इतने स्थायी संबंधों का उदाहरण नहीं मिलता। यद्यपि विभिन्न क्षेत्रों, धर्मों और जातियों में संपत्तिक अधिकार, विवाह तथा विवाहविच्छेद आदि की प्रथा की दृष्टि से अनेक भेद पाए जाते हैं तथापि संयुक्त परिवार का आदर्श सर्वमान्य है। संयुक्त परिवार में संबंधियों का दायरा पति, पत्नी तथा उनकी अविवाहित संतानों से भी अधिक व्यापक होता है। बहुधा उसमें तीन पीढ़ियाँ और कभी कभी इससे भी अधिक पीढ़ियों के व्यक्ति एक घर में एक ही अनुशासन में और एक रसोईघर से संबंध रखते हुए सम्मिलित संपत्ति का उपभोग करते हैं और परिवार के धार्मिक कृत्यों तथा संस्कारों में भाग लेते हैं। यद्यपि मुसलमानों और ईसाइयों में संपति के नियम भिन्न हैं, तथापि संयुक्त परिवार के आदर्श,

परंपराएँ और प्रतिष्ठा के कारण इन संपत्तिक अधिकारों का व्यावहारिक पक्ष परिवार के संयुक्त रूप के अनुकूल ही रहता है। संयुक्त परिवार का मूल भारत की कृषिप्रधान अर्थव्यवस्था के अतिरिक्त प्राचीन परंपराओं तथा आदर्श में है। रामायण और महाभारत की गाथाओं द्वारा यह आदर्श जन जन तक पहुँचते हैं। कृषि ने सर्वत्र ही पारिवारिक जीवन की स्थिरता प्रदान की है। अतः भारतीय समाज में परंपरा से उत्पादन कार्य, उपभोग और सुरक्षा की बुनियादी इकाई परिवार है।

अपवादों को छोड़कर भारतीय समाज पितृवंशीय, पितृस्थानीय और पितृभक्त है। यहाँ पुरुष की अपेक्षा नारी का दर्जा हीन माना जाता है। संपत्ति पर नारी का बहुत सीमित अधिकार माना गया है। फिर भी, गृहस्थी के अनेक मामलों में उसकी महत्ता स्वीकृत है। साधारणतः एक विवाह की मान्यता है। किंतु पुरुष को एकाधिक विवाह करने का अधिकार है। परंपरागत आदर्श के अनुसार विधवा विवाह का निषेध है, किंतु विधुर विवाह कर सकता है। पतिव्रता धर्म की बहुत महिमा है। पितर पूजा का भी भारी महत्व है। उच्च जातियों को छोड़कर अन्य सभी जातियों में प्रायः विवाह विच्छेद और विधवा विवाह प्रचलित है। परंतु जब कोई जाति अपनी मर्यादा को ऊँचा करना चाहती है तो इन दोनों प्रथाओं का निषेध कर देती है। घर का सबसे अधिक वयोवृद्ध पुरुष, यदि वह कार्यनिवृत्त न हो गया हो तो संयुक्त परिवार का कर्ता अथवा मुखिया होता है। कहीं कहीं उसे मालिक (स्वामी) भी कहते हैं। यह कर्ता अन्य वयोवृद्ध या वयस्क सदस्यों की सलाह से या उसके बिना ही परंपरा के आधार पर परिवार में कार्यविभाजन, उत्पादन, उपभोग आदि की व्यवस्था करता है और परिवार तथा उसके सदस्यों से संबधित सामाजिक महत्व के प्रश्नों का निर्णय करता है। घर की सबसे वयोवृद्ध नारी परिवार के महिला वर्ग की मुखिया होती है और जो कार्य महिलाओं के सुपुर्द है उनकी देखरेख तथा व्यवस्था करती है। भोजन तैयार करना बच्चों का पालन पोषण करना तथा कताई आदि महिलाओं के मुख्य काम हैं। यों तों वे खेती के या व्यवसाय के कुछ मामूली कार्यों में भी हाथ बँटाती हैं। संयुक्त परिवार में चाचा, ताऊ की विवाहित संतान और उसके विवाहित पुत्र, पौत्र आदि भी हो सकते हैं।

साधारणतया पिता के जीवन में उसके पुत्र परिवार से अलग होकर स्वतंत्र गृहस्थी नहीं बसाते, किंतु यह अभेद्य परंपरा नहीं है। ऐसा समय आता है जब रक्तसंबंधों की निकटता के आधार पर एक संयुक्त परिवार दो या अनेक संयुक्त अथवा असंयुक्त परिवारों में विभक्त हो जाता है। असंयुक्त परिवार भी कालक्रम में संयुक्त रूप ले लेता है और संयुक्त परिवार का क्रम बना रहता है।

संयुक्त परिवार और परिवर्तन

संयुक्त परिवारप्रणाली यद्यपि बहुत प्राचीन है, तथापि इसके आंतरिक स्वरूप में बहिर्विवाह, उत्तराधिकार तथा सांपत्तिक अधिकार के नियमों में, कालक्रम में परिवर्तन होता रहा है। औद्योगिक क्रांति ने पाश्चात्य देशों में परंपरागत संयुक्त परिवार भंग कर दिया है जिसका कारण बढ़ते हुए यंत्रीकरण के फलस्वरूप व्यक्ति को परिवार से बाहर मिली आजीविका सुरक्षा और उन्नति की सुविधाओं को बताया जाता है। भारत में भी औद्योगिक क्रांति के फलस्वरूप नई अर्थव्यवस्था और नए औद्योगिक तथा आर्थिक संगठनों का आरंभ हो चुका है। यातायात तथा संचार के नए साधन उपलब्ध हो रहे हैं और नगरीकरण तीव्रता से हो रहा है। पाश्चात्य विचारधारा और पाश्चात्य ढंग की शिक्षा दीक्षा तथा आदर्शों का प्रभाव भी कम नहीं है। विशेषकर स्वाधीनता के बाद विवाह, उत्तराधिकार, दत्तकग्रहण और संपत्तिक अधिकार के संबंध में जा कानून लागू किए गए हैं उन्हें परिवार की संयुक्त प्रणाली के लिए हानिकारक समझा जाता है। इसी प्रकार आयकर के नियम भी इसके प्रतिकूल पड़ते हैं। वयस्क मताधिकार राजनीतिक लोकतंत्र भी संयुक्त परिवार के एकसत्तात्मक तथा व्यष्टिपरक अस्तित्व पर प्रहार कर रहे हैं। ऐसी अवस्था में जब अर्थव्यवस्था और उत्पादन के साधनों में भी बुनियादी परिवर्तन हो रहा है, परिवार के शासन, रचना और कार्यों में हेरफेर होना अवश्यंभावी है और वह परिलक्षित भी हो रहा है। किंतु अभी यह कहना कठिन है कि परिवार का संयुक्त रूप समाप्त हो रहा है। नगरों और ग्रामों में संयुक्त परिवार पहले से कम हो गए हैं, इसका कोई प्रमाण नहीं है। परिवर्तन के संबंध में विद्वानों में मुख्यतः दो प्रकार का विचार है। एक विचार के अनुसार परिस्थिति के प्रभावस्वरूप परिवार में कतिपय परिवर्तन होने पर भी उसका संयुक्त रूप नष्ट

नहीं हो रहा है। दूसरे विचार के अनुसार औद्योगिक सभ्यता भारत में भी संयुक्त परिवार को बहुत कुछ उसी युगल परिवार के रूप में उपस्थित करेगी जो अमरीका तथा यूरोप में प्रादुर्भूत हुआ है। वर्तमान पारिवारिक विघटन एंव परिवर्तनों को इस प्रक्रम की आरंभिक अवस्था बताया जाता है।

संयुक्त परिवार

संयुक्त हिन्दू परिवार व्यवसाय एक ऐसा व्यवसाय है जिसका स्वामित्व एक संयुक्त हिन्दू परिवार के सदस्यों के पास होता है। संगठन का यह स्वरूप हिन्दू अधिनियम के अंतर्गत कार्य करता है तथा उत्तराधिकार अधिनियम से नियंत्रित होता है।

संयुक्त हिन्दू परिवार व्यावसायिक संगठन का ऐसा स्वरूप है जिसमें परिवार के पास पूर्वजों की कुछ व्यावसायिक संपत्ति होती है। संपत्ति में हिस्सा केवल पुरुष सदस्यों का होता है। किसी सदस्य को पूर्वजों की इस संपत्ति में से हिस्सा अपने पिता, दादा तथा परदादा से मिलता है। अतः तीन अनुक्रमिक पीढ़ियाँ एक साथ विरासत में संपत्ति प्राप्त कर सकती हैं। संयुक्त हिन्दू परिवार व्यवसाय को केवल पुरुष सदस्य चलाते हैं जो कि व्यवसाय के सहभागी कहलाते हैं। आयु में सबसे बड़े सदस्य को कर्ता कहते हैं।

संयुक्त हिन्दू परिवार व्यवसाय की विशेषताएँ

जन्म से सदस्यताः परिवार में किसी भी बच्चे का जन्म होते ही उसे संयुक्त हिन्दू परिवार व्यवसाय की सदस्यता स्वतः ही मिल जाती है। इसे बनाने के लिए परिवार के सदस्यों के बीच कोई समझौता नहीं किया जाता।

प्रबन्धः परिवार में सबसे बड़े सदस्य; कर्ता के हाथों में इसका प्रबन्ध होता है। हालांकि कर्ता अन्य सदस्यों को अपनी मदद के लिए अपने साथ लगा सकता है।

दायित्वः कर्ता का दायित्व असीमित होता है अर्थात् व्यवसाय के दायित्वों का भुगतान करने हेतु उसकी निजी संपत्तियों को भी उपयोग में लाया जा सकता है। अन्य सभी सदस्यों का दायित्व हिन्दू अविभाजित परिवार की संपत्ति में उनके भाग तक सीमित होता है।

कोई अधिकतम सीमा नही: हिन्दू अविभाजित परिवार व्यवसाय के सदस्यों की संख्या पर कोई प्रतिबंध नहीं है। हालांकि इसकी सदस्या केवल तीन अनुक्रमिक पीढ़ियों तक प्रतिबंधित है।

अवयस्क सदस्य: परिवार में जन्म लेते ही कोई भी बच्चा इसका सदस्य बन जाता है। अत: हिन्दू अविभाजित परिवार अवस्यकों की सदस्यता को प्रतिबंधित नहीं करता।

मृत्यु से अप्रभावित: कर्ता सहित किसी भी सदस्य की मृत्यु के बाद भी हिन्दू अविभाजित परिवार व्यवसाय चलता रहता है। परिवार में अगला सबसे बड़ा जीवित सदस्य हिन्दू अविभाजित परिवार व्यवसाय का कर्ता बन जाता है। हालांकि परिवार के सभी सदस्य यदि यह घोषित करें कि अब वे संयुक्त हिन्दू परिवार व्यवसाय के सदस्य नहीं हैं, इसका समापन हो जाता है।

आर्थिक सुरक्षा तथा सदस्यों की प्रतिष्ठा: संयुक्त हिन्दू परिवार व्यवसाय सदस्यों को सुरक्षा की भावना तथा प्रतिष्ठा उपलब्ध कराता है क्योंकि वे उसमें वित्तीय हित रखते हैं। अन्य लोगों के साथ व्यवहार करते समय यह उन्हें समाज में प्रतिष्ठा भी दिलाता है।

व्यवसाय की निरंतरता: व्यवसाय में निरंतरता बनी रहती है। कर्ता सहित किसी भी सदस्य की मृत्यु अथवा पागलपन से यह प्रभावित नहीं होता है। जब तक परिवार के सभी सदस्य इसे बंद करने का निर्णय नहीं लेते, तब तक यह निरंतर चलता रहता है।

परिवार गौरव: सदस्य अपनी पूर्ण लगन, निष्ठा तथा जिम्मेदारी से कार्य करते हैं क्योंकि कार्य के साथ परिवार का नाम संलग्न होता है। व्यवसाय केवल एक व्यावसायिक इकाई ही नहीं बल्कि परिवार की प्रतिष्ठा का मामला होता है।

संयुक्त हिन्दू परिवार व्यवसाय की सीमाएं

असीमित दायित्व: सभी व्यावसायिक कर्तव्यों के लिए कर्ता व्यक्तिगत रूप से उत्तरदायी होता है। व्यवसाय के ऋणों के भुगतान हेतु यदि व्यवसाय की संपत्तियाँ अपर्याप्त हैं तो उसकी निजी संपत्तियाँ भी बेची जा सकती हैं।

सीमित पूँजी: कर्ता के पास पूँजी प्राप्त करने के सीमित स्रोत होते हैं। विस्तार हेतु उसकी अपनी निधियाँ अपर्याप्त होती हैं। यह वृद्धि के अवसरों को घटाता है।

कर्ता के पास अधिक शक्तियाँ: एक अकुशल कर्ता व्यवसाय को बर्बादी की ओर ले जा सकता है क्योंकि सभी व्यावसायिक निर्णय उसी के द्वारा लिए जाते हैं।

इस प्रकार का व्यवसायिक संगठन संयुक्त हिन्दू परिवार का प्राकृतिक आर्थिक विस्तार है। यह अपने सदस्यों को आर्थिक सुरक्षा तथा प्रतिष्ठा प्रदान करता है। इसका भारतीय व्यवसाय में अहम स्थान रहा है।

भारत में मातृवंशीय और बहुपति परिवार

भारत के मालावार प्रदेश में नायर और तिया जाति में मातृ स्थानीय तथा मातृवंशी परिवार हाल तक रहा है। ऐसे परिवारों में पति अपने बच्चों के घर में एक अस्थायी आगंतुक होता है। उसके बच्चों की देखभाल उसका मामा करता है और उसके बच्चे अपनी माँ के परिवार का नाम ग्रहण करते हैं। परिवार का रूप संयुक्त है, जिसमें माँ की और उसकी पुत्री अथवा पौत्रियों की संतान होती है। इन परिवारों में घर का मुखिया मातृपक्षीय पुरुष होता है। असम राज्य के गारो और खासी जनजातियों में भी मातृवंशीय और मातृस्थानीय परिवार की प्रथा है। उत्तर प्रदेश के जौनसार बाबर में खस नाम की जनजाति में और आस पास के कुछ क्षेत्रों में बहुपति प्रथा है। परिवार में सब भाइयों की एक पत्नी और कभी-कभी एकाधिक सामूहिक पत्नियाँ होती हैं। नीलगिरि की टोडा जनजाति में भी बहुपति प्रथा है, किंतु यहाँ एक स्त्री के पतियों में भाइयों के अतिरिक्त अन्य व्यक्ति भी हो सकते हैं। गैर जनजातीय समाज में कहीं भी बहुपति प्रथा नहीं मिलती।

३. आदर्श रिश्ते

आदर्श संबंध में सबसे महत्वपूर्ण क्या है?

स्व-प्रेम को स्वार्थ से भ्रमित न करें, इसका मतलब यह है कि आपके पास दूसरों के साथ साझा करने के लिए कुछ है अगर आप खुद से प्यार नहीं करते हैं, तो आप खुश नहीं हो सकते यदि आप खुश नहीं हैं, तो आप दूसरे व्यक्ति को वास्तविक खुशी नहीं दे सकते। यदि आप केवल प्रियजन रहते हैं, अपने बारे में सोच नहीं है, तो प्यार से आदी बनने का खतरा बढ़ जाता है। यह शायद ही सबसे अच्छा संबंधों का एक उदाहरण हो सकता है स्वतंत्रता। यह नियम पहले से है शायद आपको लगता है कि स्वतंत्रता जिम्मेदारी की कमी है। लेकिन वास्तव में, यह एक अन्य प्रकार की आजादी है: अपने जीवन की पूर्ण जिम्मेदारी की चेतना (साझेदार की असफलता के आरोपों से

स्वतंत्रता) और, परिणामस्वरूप, आत्म-विकास की इच्छा। इसके अलावा, आदर्श संबंधों का निम्न नियम आजादी से होता है।

म्युचुअल सम्मान भले ही भावुक प्रेम धीरे-धीरे बदल जाए, तो आपसी सम्मान चमत्कार कर सकते हैं। उनके लिए धन्यवाद आप छोटे झगड़े से बचेंगे, जो रिश्ते को कमजोर करेंगे, आप एक-दूसरे को सुनने और उनकी मदद करने में सक्षम होंगे।

विश्वास और निष्ठा यह संदेह और असंतोष पर प्यार की ऊर्जा को बर्बाद करने में मदद नहीं करेगा। और एक आदर्श रिश्ते के लिए आत्मविश्वास भी महत्वपूर्ण है।

बदलने की इच्छा अच्छे रिश्तों के मनोविज्ञान को समझना है कि एक प्यार केवल एक ही तरह से बदल सकता खुद को बदल कर। सब के बाद, आप के प्रति उसका रवैया अपने आप के प्रति अपने दृष्टिकोण का प्रतिबिंब है-खुद है

आध्यात्मिक अंतरंगता यह गुणवत्ता आत्मविश्वास देती है कि एक मुश्किल क्षण में एक दूसरे को खोला जा सकता है

यह जरूरी है कि भौतिक भलाई के बारे में आपके विचारों के अनुरूप होना चाहिए, क्योंकि हर जोड़े स्वर्ग झोपड़ी से सहमत नहीं हैं, हालांकि सभी धन सभी के लिए आवश्यक नहीं हैं।

अपने जोड़े को आदर्श के करीब लाने के लिए, ईमानदारी से अपने आप को इस प्रश्न पर उत्तर दें: आप किसके लिए यह करना चाहते हैं? अगर दूसरों की ईर्ष्या-तो आपकी योजना विफलता के लिए बर्बाद है। हमेशा एक आदर्श संबंध बाहर की तरह ही नहीं दिखता है, और रिश्तेदारों और दोस्तों के लिए एक विज्ञापन पोस्टर को खींचकर आप इन आदर्श रिश्तों की नींव बिछाने पर खर्च किए जा सकते हैं। यह समझना महत्वपूर्ण है कि सबसे अच्छा संबंध एक स्थायी नौकरी है। उसे प्यारा बनाओ, सफलता का आनंद उठाएँ और सर्वोत्तम जोड़ी के लिए एक अद्‌भुत कैरियर का निर्माण करें!

४. आदर्श संस्कार

हिन्दू धर्म में सोलह संस्कारों (षोडश संस्कार) का उल्लेख किया जाता है जो मानव को उसके गर्भाधान संस्कार से लेकर अन्त्येष्टि क्रिया तक किए जाते हैं। इनमें से विवाह, यज्ञोपवीत इत्यादि संस्कार बड़े धूमधाम से मनाये जाते हैं। वर्तमान समय में सनातन धर्म या हिन्दू धर्म के अनुयायी में गर्भाधन से मृत्यु तक १६ संस्कारों होते है।

हिन्दू संस्कार का इतिहास

प्राचीन काल में प्रत्येक कार्य संस्कार से आरम्भ होता था। उस समय संस्कारों की संख्या भी लगभग चालीस थी। जैसे-जैसे समय बदलता गया

तथा व्यस्तता बढती गई तो कुछ संस्कार स्वतः विलुप्त हो गये। इस प्रकार समयानुसार संशोधित होकर संस्कारों की संख्या निर्धारित होती गई। गौतम स्मृति में चालीस प्रकार के संस्कारों का उल्लेख है। महर्षि अंगिरा ने इनका अंतर्भाव पच्चीस संस्कारों में किया। व्यास स्मृति में सोलह संस्कारों का वर्णन हुआ है। हमारे धर्मशास्त्रों में भी मुख्य रूप से सोलह संस्कारों की व्याख्या की गई है। इनमें पहला गर्भाधान संस्कार और मृत्यु के उपरांत अंत्येष्टि अंतिम संस्कार है। गर्भाधान के बाद पुंसवन, सीमन्तोन्नयन, जातकर्म, नामकरण ये सभी संस्कार नवजात का दैवी जगत् से संबंध स्थापना के लिये किये जाते हैं।

नामकरण के बाद चूड़ाकर्म और यज्ञोपवीत संस्कार होता है। इसके बाद विवाह संस्कार होता है। यह गृहस्थ जीवन का सर्वाधिक महत्वपूर्ण संस्कार है। हिन्दू धर्म में स्त्री और पुरुष दोनों के लिये यह सबसे बड़ा संस्कार है, जो जन्म–जन्मान्तर का होता है।

विभिन्न धर्मग्रंथों में संस्कारों के क्रम में थोडा बहुत अन्तर है, लेकिन प्रचलित संस्कारों के क्रम में गर्भाधान, पुंसवन, सीमन्तोन्नयन, जातकर्म, नामकरण, निष्क्रमण, अन्नप्राशन, चूड़ाकर्म, विद्यारंभ, कर्णवेध, यज्ञोपवीत, वेदारम्भ, केशान्त, समावर्तन, विवाह तथा अन्त्येष्टि ही मान्य है।

गर्भाधान से विद्यारंभ तक के संस्कारों को गर्भ संस्कार भी कहते हैं। इनमें पहले तीन (गर्भाधान, पुंसवन, सीमन्तोन्नयन) को अन्तर्गर्भ संस्कार तथा इसके बाद के छह संस्कारों को बहिर्गर्भ संस्कार कहते हैं। गर्भ संस्कार को दोष मार्जन अथवा शोधक संस्कार भी कहा जाता है। दोष मार्जन संस्कार का तात्पर्य यह है कि शिशु के पूर्व जन्मों से आये धर्म एवं कर्म से सम्बन्धित दोषों तथा गर्भ में आई विकृतियों के मार्जन के लिये संस्कार किये जाते हैं। बाद वाले छह संस्कारों को गुणाधान संस्कार कहा जाता है।

गर्भाधान

हमारे शास्त्रों में मान्य सोलह संस्कारों में गर्भाधान पहला है। गृहस्थ जीवन में प्रवेश के उपरान्त प्रथम कर्त्तव्य के रूप में इस संस्कार को मान्यता दी गई है। गृर्हस्थ जीवन का प्रमुख उद्देश्य श्रेष्ठ सन्तानोत्पत्ति है। उत्तम संतति

की इच्छा रखनेवाले माता-पिता को गर्भाधान से पूर्व अपने तन और मन की पवित्रता के लिये यह संस्कार करना चाहिए। वैदिक काल में यह संस्कार अति महत्वपूर्ण समझा जाता था।

पुंसवन

गर्भस्थ शिशु के मानसिक विकास की दृष्टि से यह संस्कार उपयोगी समझा जाता है। गर्भाधान के दूसरे या तीसरे महीने में इस संस्कार को करने का विधान है। हमारे मनीषियों ने सन्तानोत्कर्ष के उद्देश्य से किये जाने वाले इस संस्कार को अनिवार्य माना है। गर्भस्थ शिशु से सम्बन्धित इस संस्कार को शुभ नक्षत्र में सम्पन्न किया जाता है। पुंसवन संस्कार का प्रयोजन स्वस्थ एवं उत्तम संतति को जन्म देना है। विशेष तिथि एवं ग्रहों की गणना के आधार पर ही गर्भधान करना उचित माना गया है।

सीमन्तोन्नयन

सीमन्तोन्नयन को सीमन्तकरण अथवा सीमन्त संस्कार भी कहते हैं। सीमन्तोन्नयन का अभिप्राय है सौभाग्य संपन्न होना। गर्भपात रोकने के साथ-साथ गर्भस्थ शिशु एवं उसकी माता की रक्षा करना भी इस संस्कार का मुख्य उद्देश्य है। इस संस्कार के माध्यम से गर्भिणी स्त्री का मन प्रसन्न रखने के लिये सौभाग्यवती स्त्रियां गर्भवती की मांग भरती हैं। यह संस्कार गर्भ धारण के छठे अथवा आठवें महीने में होता है।

जातकर्म

नवजात शिशु के नालच्छेदन से पूर्व इस संस्कार को करने का विधान है। इस दैवी जगत् से प्रत्यक्ष सम्पर्क में आनेवाले बालक को मेधा, बल एवं दीर्घायु के लिये स्वर्ण खण्ड से मधु एवं घृत वैदिक मंत्रों के उच्चारण के साथ चटाया जाता है। यह संस्कार विशेष मन्त्रों एवं विधि से किया जाता है। दो बूंद घी तथा छह बूंद शहद का सम्मिश्रण अभिमंत्रित कर चटाने के बाद पिता यज्ञ करता है तथा नौ मन्त्रों का विशेष रूप से उच्चारण के बाद बालक के बुद्धिमान, बलवान, स्वस्थ एवं दीर्घजीवी होने की प्रार्थना करता है। इसके बाद माता बालक को स्तनपान कराती है।

नामकरण

जन्म के ग्यारहवें दिन यह संस्कार होता है। हमारे धर्माचार्यों ने जन्म के दस दिन तक अशौच (सूतक) माना है। इसलिये यह संस्कार ग्यारहवें दिन करने का विधान है। महर्षि याज्ञवल्क्य का भी यही मत है, लेकिन अनेक कर्मकाण्डी विद्वान इस संस्कार को शुभ नक्षत्र अथवा शुभ दिन में करना उचित मानते हैं।

नामकरण संस्कार का सनातन धर्म में अधिक महत्व है। हमारे मनीषियों ने नाम का प्रभाव इसलिये भी अधिक बताया है क्योंकि यह व्यक्तित्व के विकास में सहायक होता है। तभी तो यह कहा गया है राम से बड़ा राम का नाम हमारे धर्म विज्ञानियों ने बहुत शोध कर नामकरण संस्कार का आविष्कार किया। ज्योतिष विज्ञान तो नाम के आधार पर ही भविष्य की रूपरेखा तैयार करता है।

निष्क्रमण

दैवी जगत् से शिशु की प्रगाढ़ता बढ़े तथा ब्रह्माजी की सृष्टि से वह अच्छी तरह परिचित होकर दीर्घकाल तक धर्म और मर्यादा की रक्षा करते हुए इस लोक का भोग करे यही इस संस्कार का मुख्य उद्देश्य है। यहां निष्क्रमण का अभिप्राय है बाहर निकलना। इस संस्कार में शिशु को सूर्य तथा चन्द्रमा की ज्योति दिखाने का विधान है। भगवान भास्कर के तेज तथा चन्द्रमा की शीतलता से शिशु को अवगत कराना ही इसका उद्देश्य है। इसके पीछे मनीषियों की शिशु को तेजस्वी तथा विनम्र बनाने की परिकल्पना होगी। उस दिन देवी-देवताओं के दर्शन तथा उनसे शिशु के दीर्घ एवं यशस्वी जीवन के लिये आशीर्वाद ग्रहण किया जाता है। जन्म के चौथे महीने इस संस्कार को करने का विधान है। तीन माह तक शिशु का शरीर बाहरी वातावरण यथा तेज धूप, तेज हवा आदि के अनुकूल नहीं होता है इसलिये प्रायः तीन मास तक उसे बहुत सावधानी से घर में रखना चाहिए। इसके बाद धीरे-धीरे उसे बाहरी वातावरण के संपर्क में आने देना चाहिए। इस संस्कार का तात्पर्य यही है कि शिशु समाज के सम्पर्क में आकर सामाजिक परिस्थितियों से अवगत हो।

अन्नप्राशन

इस संस्कार का उद्देश्य शिशु के शारीरिक व मानसिक विकास पर ध्यान केन्द्रित करना है। अन्नप्राशनका स्पष्ट अर्थ है कि शिशु जो अब तक पेय पदार्थों विशेषकर दूध पर आधारित था अब अन्न जिसे शास्त्रों में प्राण कहा गया है उसको ग्रहण कर शारीरिक व मानसिक रूप से अपने को बलवान व प्रबुद्ध बनाएँ तन और मन को सुदृढ़ बनाने में अन्न का सर्वाधिक योगदान है। शुद्ध, सात्विक एवं पौष्टिक आहार से ही तन स्वस्थ रहता है और स्वस्थ तन में ही स्वस्थ मन का निवास होता है। आहार शुद्ध होने पर ही अन्तःकरण शुद्ध होता है तथा मन, बुद्धि, आत्मा सबका पोषण होता है। इसलिये इस संस्कार का हमारे जीवन में विशेष महत्व है।

हमारे धर्माचार्यो ने अन्नप्राशन के लिये जन्म से छठे महीने को उपयुक्त माना है। छठे मास में शुभ नक्षत्र एवं शुभ दिन देखकर यह संस्कार करना चाहिए। खीर और मिठाई से शिशु के अन्नग्रहण को शुभ माना गया है। अमृतः क्षीरभोजनम् हमारे शास्त्रों में खीर को अमृत के समान उत्तम माना गया है।

चूड़ाकर्म

चूड़ाकर्म को मुंडन संस्कार भी कहा जाता है। हमारे आचार्यों ने बालक के पहले, तीसरे या पाँचवें वर्ष में इस संस्कार को करने का विधान बताया है। इस संस्कार के पीछे शुचिता और बौद्धिक विकास की परिकल्पना हमारे मनीषियों के मन में होगी। मुंडन संस्कार का अभिप्राय है कि जन्म के समय उत्पन्न अपवित्र बालों को हटाकर बालक को प्रखर बनाना है। नौ माह तक गर्भ में रहने के कारण कई दूषित कीटाणु उसके बालों में रहते हैं। मुंडन संस्कार से इन दोषों का सफाया होता है। ज्योतिष शास्त्र के अनुसार इस संस्कार को शुभ मुहूर्त में करने का विधान है। वैदिक मंत्रोच्चारण के साथ यह संस्कार सम्पन्न होता है।

विद्यारंम्भ

विद्यारंभ संस्कार के क्रम के बारे में हमारे आचार्यो में मतभिन्नता है। कुछ आचार्यों का मत है कि अन्नप्राशन के बाद विद्यारम्भ संस्कार होना

चाहिये तो कुछ चूड़ाकर्म के बाद इस संस्कार को उपयुक्त मानते हैं। मेरी राय में अन्नप्राशन के बाद ही शिशु बोलना शुरू करता है। इसलिये अन्नप्राशन के बाद ही विद्यारम्भ संस्कार उपयुक्त लगता है। विद्यारम्भ का अभिप्राय बालक को शिक्षा के प्रारम्भिक स्तर से परिचित कराना है। प्राचीन काल में जब गुरुकुल की परम्परा थी तो बालक को वेदाध्ययन के लिये भेजने से पहले घर में अक्षर बोध कराया जाता था। माँ-बाप तथा गुरुजन पहले उसे मौखिक रूप से श्लोक, पौराणिक कथायें आदि का अभ्यास करा दिया करते थे ताकि गुरुकुल में कठिनाई न हो। हमारा शास्त्र विद्यानुरागी है। शास्त्र की उक्ति है सा **विद्या या विमुक्तये** अर्थात् विद्या वही है जो मुक्ति दिला सके। विद्या अथवा ज्ञान ही मनुष्य की आत्मिक उन्नति का साधन है। शुभ मुहूर्त में ही विद्यारम्भ संस्कार करना चाहिये।

कर्णवेध

हमारे मनीषियों ने सभी संस्कारों को वैज्ञानिक कसौटी पर कसने के बाद ही प्रारम्भ किया है। कर्णवेध संस्कार का आधार बिल्कुल वैज्ञानिक है। बालक की शारीरिक व्याधि से रक्षा ही इस संस्कार का मूल उद्देश्य है। प्रकृति प्रदत्त इस शरीर के सारे अंग महत्वपूर्ण हैं। कान हमारे श्रवण द्वार हैं। कर्ण वेधन से व्याधियां दूर होती हैं तथा श्रवण शक्ति भी बढ़ती है। इसके साथ ही कानों में आभूषण हमारे सौन्दर्य बोध का परिचायक भी है। यज्ञोपवीत के पूर्व इस संस्कार को करने का विधान है। ज्योतिष शास्त्र के अनुसार शुक्ल पक्ष के शुभ मुहूर्त में इस संस्कार का सम्पादन श्रेयस्कर है।

यज्ञोपवीत

यज्ञोपवीत अथवा उपनयन बौद्धिक विकास के लिये सर्वाधिक महत्वपूर्ण संस्कार है। धार्मिक और आधात्मिक उन्नति का इस संस्कार में पूर्णरूपेण समावेश है। हमारे मनीषियों ने इस संस्कार के माध्यम से वेदमाता गायत्री को आत्मसात् करने का प्रावधान दिया है। आधुनिक युग में भी गायत्री मंत्र पर विशेष शोध हो चुका है। गायत्री सर्वाधिक शक्तिशाली मंत्र है।

यज्ञोपवीतं परमं पवित्रं अर्थात् यज्ञोपवीत जिसे जनेऊ भी कहा जाता है अत्यन्त पवित्र है। प्रजापति ने स्वाभाविक रूप से इसका निर्माण किया है। यह

आयु को बढ़ानेवाला, बल और तेज प्रदान करनेवाला है। इस संस्कार के बारे में हमारे धर्मशास्त्रों में विशेष उल्लेख है। यज्ञोपवीत धारण का वैज्ञानिक महत्व भी है। प्राचीन काल में जब गुरुकुल की परम्परा थी उस समय प्राय: आठ वर्ष की उम्र में यज्ञोपवीत संस्कार सम्पन्न हो जाता था। इसके बाद बालक विशेष अध्ययन के लिये गुरुकुल जाता था। यज्ञोपवीत से ही बालक को ब्रह्मचर्य की दीक्षा दी जाती थी जिसका पालन गृहस्थाश्रम में आने से पूर्व तक किया जाता था। इस संस्कार का उद्देश्य संयमित जीवन के साथ आत्मिक विकास में रत रहने के लिये बालक को प्रेरित करना है।

वेदारंभ

ज्ञानार्जन से सम्बन्धित है यह संस्कार। वेद का अर्थ होता है ज्ञान और वेदारम्भ के माध्यम से बालक अब ज्ञान को अपने अन्दर समाविष्ट करना शुरू करे यही अभिप्राय है इस संस्कार का। शास्त्रों में ज्ञान से बढ़कर दूसरा कोई प्रकाश नहीं समझा गया है। स्पष्ट है कि प्राचीन काल में यह संस्कार मनुष्य के जीवन में विशेष महत्व रखता था। यज्ञोपवीत के बाद बालकों को वेदों का अध्ययन एवं विशिष्ट ज्ञान से परिचित होने के लिये योग्य आचार्यों के पास गुरुकुलों में भेजा जाता था। वेदारम्भ से पहले आचार्य अपने शिष्यों को ब्रह्मचर्य व्रत का पालन करने एवं संयमित जीवन जीने की प्रतिज्ञा कराते थे तथा उसकी परीक्षा लेने के बाद ही वेदाध्ययन कराते थे। असंयमित जीवन जीने वाले वेदाध्ययन के अधिकारी नहीं माने जाते थे। हमारे चारों वेद ज्ञान के अक्षुण्ण भंडार हैं। इस संस्कार को जन्म से 5वे या 7 वे वर्ष में किया जाता है। अधिक प्रामाणिक 5 वाँ वर्ष माना जाता है। यह संस्कार प्राय: वसन्त पंचमी को किया जाता है।

केशांत

गुरुकुल में वेदाध्ययन पूर्ण कर लेने पर आचार्य के समक्ष यह संस्कार सम्पन्न किया जाता था। वस्तुत: यह संस्कार गुरुकुल से विदाई लेने तथा गृहस्थाश्रम में प्रवेश करने का उपक्रम है। वेद-पुराणों एवं विभिन्न विषयों में पारंगत होने के बाद ब्रह्मचारी के समावर्तन संस्कार के पूर्व बालों की सफाई

की जाती थी तथा उसे स्नान कराकर स्नातक की उपाधि दी जाती थी। केशान्त संस्कार शुभ मुहूर्त में किया जाता था।

समावर्तन

गुरुकुल से विदाई लेने से पूर्व शिष्य का समावर्तन संस्कार होता था। इस संस्कार से पूर्व ब्रह्मचारी का केशान्त संस्कार होता था और फिर उसे स्नान कराया जाता था। यह स्नान समावर्तन संस्कार के तहत होता था। इसमें सुगन्धित पदार्थों एवं औषधादि युक्त जल से भरे हुए वेदी के उत्तर भाग में आठ घड़ों के जल से स्नान करने का विधान है। यह स्नान विशेष मन्त्रोच्चारण के साथ होता था। इसके बाद ब्रह्मचारी मेखला व दण्ड को छोड़ देता था जिसे यज्ञोपवीत के समय धारण कराया जाता था। इस संस्कार के बाद उसे विद्या स्नातक की उपाधि आचार्य देते थे। इस उपाधि से वह सगर्व गृहस्थाश्रम में प्रवेश करने का अधिकारी समझा जाता था। सुन्दर वस्त्र व आभूषण धारण करता था तथा आचार्यो एवं गुरुजनों से आशीर्वाद ग्रहण कर अपने घर के लिये विदा होता था।

विवाह

प्राचीन काल से ही स्त्री और पुरुष दोनों के लिये यह सर्वाधिक महत्वपूर्ण संस्कार है। यज्ञोपवीत से समावर्तन संस्कार तक ब्रह्मचर्य व्रत के पालन का हमारे शास्त्रों में विधान है। वेदाध्ययन के बाद जब युवक में सामाजिक परम्परा निर्वाह करने की क्षमता व परिपक्वता आ जाती थी तो उसे गृहस्थ्य धर्म में प्रवेश कराया जाता था। लगभग पच्चीस वर्ष तक ब्रह्मचर्य का व्रत का पालन करने के बाद युवक परिणय सूत्र में बंधता था।

हमारे शास्त्रों में आठ प्रकार के विवाहों का उल्लेख है–ब्राह्म, दैव, आर्ष, प्रजापत्य, आसुर, गन्धर्व, राक्षस एवं पैशाच। वैदिक काल में ये सभी प्रथाएं प्रचलित थीं। समय के अनुसार इनका स्वरूप बदलता गया। वैदिक काल से पूर्व जब हमारा समाज संगठित नहीं था तो उस समय उच्छृंखल यौनाचार था। हमारे मनीषियों ने इस उच्छृंखलता को समाप्त करने के लिये विवाह संस्कार की स्थापना करके समाज को संगठित एवं नियमबद्ध करने का

प्रयास किया। आज उन्हीं के प्रयासों का परिणाम है कि हमारा समाज सभ्य और सुसंस्कृत है।

अन्त्येष्टि

अन्त्येष्टि को अंतिम अथवा अग्नि परिग्रह संस्कार भी कहा जाता है। आत्मा में अग्नि का आधान करना ही अग्नि परिग्रह है। धर्म शास्त्रों की मान्यता है कि मृत शरीर की विधिवत् क्रिया करने से जीव की अतृप्त वासनायें शान्त हो जाती हैं। हमारे शास्त्रों में बहुत ही सहज ढंग से इहलोक और परलोक की परिकल्पना की गयी है। जब तक जीव शरीर धारण कर इहलोक में निवास करता है तो वह विभिन्न कर्मों से बंधा रहता है। प्राण छूटने पर वह इस लोक को छोड़ देता है। उसके बाद की परिकल्पना में विभिन्न लोकों के अलावा मोक्ष या निर्वाण है। मनुष्य अपने कर्मों के अनुसार फल भोगता है। इसी परिकल्पना के तहत मृत देह की विधिवत क्रिया होती है। जब तक आधे से जयादा शरीर न जल जाए तब तक सभी को वही रहना चाहिए।

५. आदर्श दिनचर्या

संस्कृत में दैनिक कार्यकम को दिनचर्या कहते हैं। दिन का अर्थ है दिन का समय और अचार्य का अर्थ है उसका पालन करना या उसके निकट रहना। दिनचर्या आदर्श दैनिक कार्यक्रम है जो प्रकृति के चक्र का ध्यान रखती है। आयुर्वेद प्रातः काल के समय पर केंद्रित होता है क्योंकि वह पूरे दिन को नियमित करने में महत्वपूर्ण है।

आयुर्वेद यह मानता है कि दिनचर्या शरीर और मन का अनुशासन है और इससे प्रतिरक्षा तंत्र मजबूत होता है और मल पदार्थों से शरीर शुद्ध होता है। सरल स्वस्थ दिनचर्या से शरीर और मन शुद्ध होते हैं, दोष संतुलित होते हैं, प्रतिरक्षा तंत्र मजबूत होता है और दिन की शुरुआत ताजगी और पुनार्युवन से होती है।

प्रातः काल में सरल दिनचर्या का पालन करने से आप की दिन की शुरुआत आनंदमय होती है। आपकी सुबह ताजगीमय होने के लिये यह मार्गदर्शिका है।

1. ब्रह्म मुहूर्त | Brahma muhurata

सूर्योदय से डेढ़ घंटे पूर्व उठने से आप सूर्य की लय के साथ समकालिक हो सकते हैं। आयुर्वेद ब्रह्म मुहूर्त की अनुशंसा करता है जिसका अर्थ है ब्रह्म का समय या शुद्ध चेतना या शुभ और प्रातः काल के इस समय उठना सर्वश्रेष्ठ माना गया है।

सूर्योदय से डेढ़ घंटे पूर्व वातावरण में विशाल ऊर्जा की गति भर जाती है। फिर सूर्योदय के आधे घंटे पूर्व दूसरी ऊर्जा की धूग वातावरण में भोर करती है। आशा, प्रेरणा और शांति इस समय प्रकट होती है। यह समय ब्रह्म ज्ञान (ध्यान और स्वाध्याय), सर्वोच्च ज्ञान और शाश्वत सुख प्राप्त करने के लिये सर्वश्रेष्ठ माना जाता है। इस समय वातावरण शुद्ध, शांत और सुखदायक होता है और निद्रा के उपरांत मन में ताजगी होती है।

इस समय ध्यान करने से मानसिक कृत्य में सुधार होता है। यह सत्वगुण बढ़ाने में सहायक है और रजोगुण और तमोगुण से मिलने वाली मानसिक चिड़चिड़ाहट या अति सक्रियता और सुस्ती से निदान देता है।

2. श्वास की शक्ति | Power of Breath

यह देखें कि कौनसी नासिका से श्वास का प्रवाह अधिक है। आयुर्वेद के अनुसार दाहिनी नासिका सूर्य पित्त है और बाई नासिका चंद्र पित्त है। मस्तिष्क का दाहिना भाग रचनात्मक कार्यों को नियंत्रित करता है और बायां हिस्सा तार्किक और मौखिक कृत्यों को नियंत्रित करता है। शोध के अनुसार जब कोई बाई नासिका से श्वास लेता है तो मस्तिष्क का दाहिना भाग अधिक हावी होता है और इसका विपरीत भी।

3. सकारात्मक तरंगे | Positive Vibrations

प्राचीन परंपरा का पालन करते हुये अपने हथेली की रेखाओं को देखे और धन, ज्ञान और शक्ति की देवियों को याद करे। उंगलियों के ऊपर के भाग

को अंगूठे से गोलाकार सुखदायक लय में घिसे–दाहिना दक्षिणावर्त गोलाकार और बायां वामावर्त गोलाकार लय में। हथेली को उंगली के ऊपर के भाग से घिसे और दाहिनी कलाई को दक्षिणावर्त लय में घुमाये और बायीं कलाई को वामावर्त लय में घुमाये। शरीर के जिस भाग में श्वास का प्रवाह अधिक हो पहले उस भाग की हथेली को चूमे और फिर दूसरी हथेली को चूमे। (चुंबन ऊर्जा प्रदान करती अपनी हथेली को चूमने से आप अपने सबसे प्रभावकारी शस्त्र आत्म अभिव्यक्ति को उत्तम कंपन प्रदान करते हैं। अपने दोनों हाथों को घिसे फिर दोनों हथेली को धीरे धीरे चेहरे, सिर, कंधे, हाथ और पैरों की ओर ले जाये जिससे ऊर्जा का एक कवच निर्मित हो जाता है और पूरे दिन नकारात्मक प्रभाव से संरक्षण मिलता है।

4. रक्षा मंत्र | Protection Mantra

रक्षा मंत्र का मंत्रोचारण करे जो इस सरल लेकिन प्रभावकारी सुबह की दिनचर्या का हिस्सा है। मंत्रोचारण के उपरांत कुछ क्षण शांत और खाली मन के साथ बैठे।

कर अग्रे वसते लक्ष्मी

(हाथों के आगे भाग में अर्थात उंगली के ऊपर के भाग में धन की देवी लक्ष्मीजी का वास होता है।)

कर मध्ये च सरस्वती

(हाथ में मध्य भाग में अर्थात हथेलियों में कला और ज्ञान की देवी सरस्वती का वास होता है।)

मुले वसते गोविंदम

(हाथ के आखिर के भाग में अर्थात मूल या कलाई में भगवान श्रीकृष्ण का वास होता है।)

प्रभाते शुभ कर दर्शनम

(सुबह हाथों को देखना शुभ होता है।)

5. सकारात्मक कदम | Positive Step

बिस्तर छोड़ते समय नासिका के जिस भाग में श्वास का प्रवाह तेज या हावी हो उस भाग के पैर को जमीन पर पहले रखे।

6. सफाई | Clean Up

ठंडे पानी से कुल्ला कर लें। जल विद्युत कंडक्टर होता है और संवेदनशील ऊतकों में कभी भी जलन पैदा नहीं कर सकता। ठंडे पानी से हाथ, चेहरा, मुँह और आँखों को धो लें। नाक, दांत और जीभ को साफ कर लें।

7. ध्यान और व्यायाम | Meditate And Eñercise

विश्राम से–प्राणायाम तब तक करे जब तक दोनों नासिकाओं से श्वास बराबरी से प्रवाहित होना शुरू हो जाये। अपनी ऊर्जा को हृदय के चक्र या तीसरी आँख की ओर केंद्रित करके ध्यान करे। छोटी और धीमी गति से सुबह की ताजी हवा में चले। अपने आप को सरल और सुखदायक दृश्यों में घेर ले खास तौर से सफेद वस्तुओं जैसे ताजे और सुगंधदार फूल जिनके सूक्ष्म रंग हो।

व्यायाम या शारीरक कसरत में सामान्यता: कुछ योग मुद्रायें होती है जैसे सूर्यनमस्कार और श्वास प्रक्रियायें जैसे नाड़ीशोधन प्राणायाम लेकिन इसमें सैर करना और तैरना भी सम्मलित हो सकता है। सुबह के व्यायाम से शरीर और मन की अकर्मण्यता समाप्त होती है, पाचन अग्नि मजबूत होती है, वसा में कमी आती है। आपके शरीर में अच्छे प्राण की वृद्धि हो जाने से आपको हल्केपन और आनंद की अनुभूति होती है। घोर परिश्रम वाले व्यायाम की तुलना में आपकी १/४ या १/२ क्षमता के अनुसार ही व्यायाम करने की अनुशंसा की जाती है।

8. अपने आप की देखरेख करे | Pamper Yourself

अपने शरीर की तिल के तेल से मालिश करे (अभ्यंग)। खोपड़ी, कनपटी, हाथ और पैर की २–३ मिनट की मालिश पर्याप्त है।

9. ठीक से स्नान करें | Bathe Right

ऐसे पानी से स्नान करे जो न तो ज्यादा गर्म या ठंडा हो।

10. दोपहर का समय | Noon-Time

दोपहर का भोजन १२ से १ बजे के बीच करना चाहिये क्योंकि यह समय उस उच्च समय से मेल खाता जो पाचन के लिये जिम्मेदार है। आयुर्वेद पूरे दिन में दोपहर के भोजन को सबसे भारी होने की अनुशंसा करता है। भोजन के उपरांत थोड़े देर चलना अच्छा होता है जिससे भोजन के पाचन में सहायता मिलती है। हल्की नींद का अलावा नींद को टालना चाहिये क्योंकि आयुर्वेद में दिन में सोना प्रतिबंधित है।

11. संध्या का समय | Twilight Zone

दिन और रात के संतुलन के लिये यह विशेष समय है। यह समय शाम की प्रार्थना और ध्यान के लिये होता है।

12. रात्रि का भोजन | Dinner

रात्रि का भोजन शाम को ६-७ बजे करना चाहिये। यह दोपहर के भोजन से हल्का होना चाहिये। रात्रि का भोजन सोने से करीब तीन घंटे पहले लेना चाहिये जिससे भोजन के पाचन के लिये पर्याप्त समय मिल सके। रात्रि के भोजन के तुरंत बाद भारी पेट से साथ सोने को टालना चाहिये। भोजन के बाद १०-१५ मिनिट चलने से पाचन में सहायता मिलती है।

13. सोने का समय | Bedtime

रात्रि १०.३० बजे तक सो जाने का सबसे आदर्श समय है। तंत्र को शांत करने के लिये, सोने से पहले पैर के तलवे की मालिश की जा सकती है।

६. आदर्श भोजन

आजकल की भागदौड़ भरी जिंदगी में सेहत का ख्याल रखना बहुत जरूरी है। आयुर्वेद बताता है कि आदर्श दिनचर्या क्या हो ताकि हम स्वस्थ रहें। मौसम के अनुसार खानपान और दिनचर्या को आयुर्वेद में ऋतुचर्या कहा जाता है। ऋतु मतलब मौसम और चर्या मतलब आहार-विहार। इसमें अलग-अलग ऋतु में शरीर के तीनों दोषों वात (वायु), पित्त (अग्नि) और कफ (जल) को संतुलित किया जाता है।

वसंत ऋतु (Spring)

चैत्र-वैशाख

ग्रीष्म ऋतु (Summer)

ज्येष्ठ–आषाढ़

वर्षा ऋतु (Monsoon)

श्रावण–भाद्रपद

शरद ऋतु (Autumn)

अश्विन कार्तिक

हेमंत ऋतु (Winter)

अगहन–पौष

शिशिर ऋतु (Cold)

माघ–फाल्गुन

क्या हैं कफ, पित्त और वात दोष

हमारा शरीर पंच महाभूतों (वायु, आकाश, अग्नि, जल और पृथ्वी) से बना है। इन्हीं पंचभूतों में बनते हैं कफ, पित्त और वात। ये शरीर में कम या ज्यादा हो सकते हैं। उसे दोष कहते हैं। कोई भी दोष किन्हीं 2 महाभूतों के मेल से बनता है जैसे कि जल और पृथ्वी से कफ, अग्नि और जल से पित्त एवं वायु और आकाश के मेल से वात बनता है। कफ शरीर के पोषण, पित्त मेटाबॉलिजम और वात मूवमेंट के लिए जिम्मेदार होता है। हर किसी के शरीर में ये तीनों दोष होते हैं लेकिन कोई एक या दो दोष ज्यादा होते हैं और बाकी दो या तीसरा कम होता है। जो तत्व ज्यादा है, उसी के आधार पर माना जाता है कि उस शरीर की प्रवृत्ति कफ, पित्त या वायु प्रधान है। जब तीनों दोषों में बैलेंस रहता है तो व्यक्ति स्वस्थ रहता है लेकिन अगर कोई दोष बढ़ जाए तो बीमारी की वजह बन जाता है। अपने शरीर की प्रकृति के अनुसार आहार और आचार करने से शरीर की रोग प्रतिरोधक क्षमता (इम्युनिटी) बढ़ती है और बीमार पड़ने की आशंका कम हो जाती है।

ज्यादातर ऋतुओं में फायदेमंद भोजन

मूंग, सेंधा नमक, गाय का घी, गाय का दूध, तिल का तेल, सौंठ, मुनक्का।

ज्यादातर ऋतुओं में नुकसानदेह भोजन

उड़द, आलू

दही का सेवन करें शिशिर, हेमंत और वर्षा ऋतु में, दही का सेवन न करें वसंत, शरद, ग्रीष्म ऋतु में–

6 तरह के आहार

1. **मधुर (मीठा) आहारः** गेहूं, पका आम, खजूर, गुड़, केला, अंजीर, गाजर, चावल, बादाम, घी, दूध, दालचीनी आदि
2. **अम्ल (खट्टा) आहारः** नीबू, नारंगी, इमली, कच्चा आम, टमाटर, ब्रेड, चीज, योगर्ट, खमीर वाली सभी चीजें आदि
3. **लवण (नमकीन) आहारः** सेंधा नमक, टूना, सेलरी
4. **कटु (कड़वा) आहारः** लहसुन, काली मिर्च, सौंठ, प्याज, मूली, शलगम, सरसों बीज, लौंग, हींग आदि
5. **तिक्त (तीखा) आहारः** करेला, नीम, मेथी, बैंगन, कॉफी, डार्क चॉकलेट, केसर, हल्दी
6. **कषाय (कसैला) आहारः** कत्था, जामुन, सहजन की फली, सेब, अनार, ब्रोकली, स्प्राउट्स, पत्तागोभी, फूलगोभी, धनिया, राई, ऑरिगैनो

दिसंबर–जनवरी

(पौषः 23 दिसंबर से 21 जनवरी)

असरः कफ दोष बढ़ना, पित्त दोष कम होना

क्या करें

–गर्म और पोषक खाना खाएं जैसे कि लौकी का गर्म सूप, खूब सारी सब्जियाँ डालकर बनाई गई गर्मागर्म खिचडी आदि।

–अपने खाने में मीठा, खट्टा और नमकीन ज्यादा रखें। ये चीजें वात को बैलेंस करती हैं।

–तिल, दही, गुड़ और चिकनाई वाली चीजें खाना फायदेमंद है।

–खाने में गर्म तासीर के मसाले जैसे कि अदरक, लहसुन, पिपली आदि को शामिल करें।

–दूध और दूध से बनी चीजें और गन्ना खाएँ क्योंकि ये मीठे के कुदरती स्रोत हैं।

–तिल के तेल से मसाज करना अच्छा है।

–गुनगुने पानी से स्नान करें।

–रोजाना 30–45 मिनट धूप में बैठें।

क्या न करें

–बहुत ज्यादा चलने, ठंडी हवाओं की चपेट में आने और बहुत देर रात तक जागने से बचें वरना शरीर में वात ज्यादा बढ़ सकता है।

–शीतल भोजन जैसे कि पॉपकॉर्न, जौ, खस आदि से परहेज करें।

–दिन में न सोएँ।

जनवरी-फरवरी

(माघः 22 जनवरी से 19 फरवरी)

असरः कफ दोष का बढ़ना

क्या करें

–गर्म, हल्की और सूखी चीजों जैसे कि सरसों, शकरकंद, सूखे मेवे आदि को ज्यादा मात्रा में खाएँ ताकि कफ बढ़े नहीं।

–उबली, बेक या ग्रिल की गई चीजें जैसे कि ग्रिल्ड फिश या ग्रिल्ड वेजिटेबल ज्यादा खाएँ।

–काली मिर्च, पिपली जैसे तीखे मसाले लें ताकि पित्त कंट्रोल में रहे।

–लौंग, जीरा और अदरक का काढ़ा बनाकर दिन भर बार–बार घूंट–घूंट पिएँ, खासकर खाने के बाद। पाचन में मदद मिलती है।

–गुड़, दूध और दूध से बनी चीजें, खट्टा और चिकनाई वाली चीजें ज्यादा खाएँ।

–गुनगुने पानी से नहाएँ।

–तिल के तेल से शरीर की मालिश करें।

–रोजाना करीब 30 मिनट धूप का सेवन करें।

क्या न करें

–ठंडी और भारी चीजें खाने से बचें। पाचन में दिक्कत हो सकती है।

–पनीर और दही जैसी ठंडी तासीर वाली चीजों से दूरी बनाएँ रखें।

–चीनी, नमक और तीखे स्वाद (करेला, नीम, मेथी, बैंगन, कॉफी आदि) कम खाएँ। ये पानी को रोककर शरीर भारीपन लाते हैं।

फरवरी-मार्च

(फाल्गुन: 20 फरवरी से 21 मार्च)

असर: कफ दोष का बढ़ना

क्या करें

–पित्त को बैलेंस करने के लिए ताजा चीजों और साबुत अनाज को खाने में ज्यादा शामिल करें।

–जिन चीज की तासीर ठंडी हो, जो सूखे हों और जिनमें कॉम्प्लेक्स कार्बोहाइड्रेट (बेकरी प्रॉडक्ट) ज्यादा हो, उन्हें ज्यादा खाएँ।

–खाने में सौंफ का इस्तेमाल ज्यादा करें क्योंकि यह पित्त को बैलेंस करती है।

क्या न करें

–ठंडे पानी से नहाने से बचें।

–गर्म और तीखे मसालों (काली मिर्च, दालचीनी) से परहेज करें।

–धूप में बहुत ज्यादा जाने से बचें। इससे पित्त बढ़ता है।

–चाय-कॉफी का ज्यादा इस्तेमाल पित्त की समस्या बढ़ा सकता है।

–दिन में 1-2 कप काफी है।

–दिन में न सोएँ।

–कड़वे (लहसुन, काली मिर्च, सौंठ, प्याज आदि) और कसैले पदार्थ (जामुन, सेब, अनार, ब्रोकली, स्प्राउट्स आदि) कम खाएँ।

–मालिश करें, लेकिन तेल की बजाय आयुर्वेदिक पाउडर से

मार्च-अप्रैल

(चैत्रः 22 मार्च से 19 अप्रैल)

असरः कफ का बढ़ना

क्या करें

–भोजन ठंडी तासीर वाला और गर्मी को कम करने वाला हो।

–पुराने अनाज और दालें जैसे कि जौ, गेहूं, मूंग, मसूर आदि इस्तेमाल करें।

–छाछ, लस्सी, नीबू पानी और नारियल पानी को खुराक में बढ़ा दें। जितना मुमकिन हो, लें।

–रोजाना एक चम्मच शहद ले सकते हैं।

–आधा चम्मच सौंठ आधा गिलास पानी में उबालकर पिएँ।

–गुनगुने पानी से स्नान करें।

–सुबह नारियल या किसी दूसरे तेल से शरीर की मसाज करें।

–जो कसरत शरीर को मुफीद लगे, उसे जरूर करें।

क्या न करें

–तली-भुनी और तीखे मसालेदार अचार आदि से परहेज करें क्योंकि इससे पित्त बढ़ सकता है।

–ऐसी चीजें न खाएँ जिन्हें पचाना मुश्किल हो जैसे कि उड़द, राजमा, चना आदि।

–मीठी (चीनी, शहद आदि) या चिकनाई वाली चीजें (घी तेल, पकौड़े आदि) कम खाएँ।

अप्रैल–मई

(वैशाखः 20 अप्रैल से 18 मई)

असरः कफ का बढ़ना

क्या करें

–खाने में ठंडी तासीर वाली चीजें (नारियल, केला आदि) ज्यादा रखें। रोजाना 1–2 आंवला जरूर खाएँ।

–आधा चम्मच सौंठ आधा गिलास पानी में अच्छी तरह उबालकर पीएँ।

–दिन में 8–10 गिलास पानी और दूसरी तरल चीजें जैसे कि नारियल पानी और ताजा जूस लें।

–30 मिनट हरी घास पर चलें। सुबह–सुबह ऐसा करना ज्यादा अच्छा है।

–आवंला और चंदन का इस्तेमाल करें। चंदन से तन और मन को शीतलता मिलती है।

क्या न करें

–धूप में ज्यादा देर न रहें क्योंकि इससे पित्त बढ़ सकता है।

–हेवी प्रोटीन (रेड मीट) के बजाय हल्के ऑप्शन जैसे कि दालें (मूंग, मसूर आदि) खाएँ।

–बहुत ज्यादा नमक और मसालेवाली चीजों से परहेज करें।

–दिन में न सोएँ। बीमार या बुजुर्ग चाहें तो घंटे भर के लिए सो सकते हैं।

मई–जून

(ज्येष्ठः 19 मई से 17 जून)

असरः वात का बढ़ना

क्या करें

–तासीर में ठंडी और हल्की चीजें जैसे कि खीरा, ककड़ी, जई आदि। शामिल करें ताकि आसानी से पच जाए।

–केला, पाइनएपल, आड़ू और तरबूज ज्यादा खाएँ क्योंकि ये गर्मी कम करते हैं।

–ताजा सलाद और स्मूदी (दही में फल मिक्सी से मिक्स कर तैयार पेय) पीने से पित्त संतुलित होता है और गर्मी से भी राहत मिलती है।

–नीबू पानी और नारियल पानी ज्यादा पिएँ ताकि शरीर में पानी की कमी न हो।

–सत्तू पीना भी फायदेमंद है।

–माथे पर चंदन का लेप लगाने से तन शीतल रहता है।

–मुमकिन हो तो रात में बाहर खुले में सोएँ।

क्या न करें

–ज्यादा मसाले वाला खाना-खाने से परहेज करें क्योंकि इससे शरीर में गर्मी बढ़ सकती है।

–खमीर वाली चीजों से दूर रहें क्योंकि ये जल्दी खराब हो जाती हैं जिससे पित्त में इजाफा हो सकता है।

–तली-भुनी और गर्म तासीर वाली चीजों से दूर रहें।

–ज्यादा कसरत से बचें।

जून-जुलाई

(आषाढ़: 18 जून से 16 जुलाई)

असर: वात का बढ़ना

क्या करें

–पाचक अग्नि कम होती है इस समय। इस वजह से बेहतर है कि हल्की और आसानी से पचने वाली चीजें खाएँ जैसे कि चावल आदि।

–तासीर में ठंडी चीजों जैसे कि खीरा, नारियल, केला आदि को ज्यादा शामिल करें।

–तरबूज, खरबूज, कीवी, केला, आड़ू और पपीता जैसे फल ज्यादा खाएँ।

क्या न करें

–खट्टे (नीबू, संतरा), नमकीन या कड़वे (लहसुन, सौंठ, प्याज, मूली आदि) खाने का सेवन न करें।

–हेवी मिल्क प्रॉडक्ट जैसे कि चीज आदि से परहेज करें क्योंकि इनसे पित्त बढ़ता है।

–काजू और बादाम जैसे सूखे मेवे कम-से-कम खाएँ।

–खाने में मसालों का इस्तेमाल ज्यादा न करें।

–ज्यादा व्यायाम न करें क्योंकि ज्यादा पसीना बहने से शरीर में पानी की कमी हो सकती है।

जुलाई-अगस्त

(श्रावण: 17 जुलाई से 15 अगस्त)

असर: वात दोष का प्रकोप

क्या करें

–ऐसी चीजें खाएँ जो आसानी से पच सकें और एनर्जी लेवल को बनाए रखें जैसे कि घीया, ओट्स आदि।

–खाने में पुराना चावल और गेहूं शामिल करें। पुराने अनाज को पचाना आसान है।

–खाने में सूप ज्यादा-से-ज्यादा शामिल करें जैसे कि क्लियर वेजिटेबल सूप और दाल सूप।

–सलाद, स्मूदी या सब्जियों में डालकर सीताफल और सूरजमुखी के बीज खाएँ। ये एनर्जी लेवल बढ़ाते हैं, जोकि गर्मियों में आमतौर पर कम ही होती है।

–पानी को उबालकर ठंडा करने के बाद पिएँ।

–गुनगुने पानी से स्नान करें।

–हल्की एक्सरसाइज करें।

क्या न करें

–कसैली चीजें जैसे कि अखरोट, जौ और सूखी चीजें कम खाएँ।

–बैंगन, टमाटर और रेड मीट जैसी चीजें कम खाएँ।

–चाय-कॉफी ज्यादा न पिएँ। दिन में 1–2 कप काफी है।

–घंटों धूप में रहने से बचें।

–दिन में सोना भी ठीक नहीं।

अगस्त-सितंबर

(भाद्रपदः 16 अगस्त से 14 सितंबर)

असरः वात दोष का प्रकोप

क्या करें

–घी तेल वाले गर्म भोजन का सेवन करें।

–सेब खाएँ क्योंकि ये शरीर को ठंडा और नम रखने में मदद करते हैं।

–मीठी और कड़वी (सौंठ, काली मिर्च, लहसुन आदि) चीजों को खाने में ज्यादा शामिल करें।

–खाने में मूलदार (जड़ वाली) सब्जियों जैसे कि प्याज, चुकंदर आदि और देसी अनाज ज्यादा खाएँ ताकि एनर्जी बनी रहे।

–ऐसा चीजें खाएँ जो पचने में हल्की हों।

क्या न करें

–ऐसी चीजें (राजमा, चना आदि) न खाएँ जिन्हें पचाना आसान न हो क्योंकि ऐसा करने से गैस और अफारे की शिकायत हो सकती है।

–ठंडी, सूखी और तीखे टेस्ट वाली चीजों से परहेज रखें क्योंकि इनसे पित्त बढ़ता है।

–कसैली चीजें जैसे कि अनार, स्प्राउट्स, जामुन, कत्था आदि से परहेज करना बेहतर है क्योंकि ये गर्म होते हैं। धूप में देर तक न रहें।

–दिन में न सोएँ।

सितंबर-अक्टूबर

(आश्विनः 15 सितंबर से 13 अक्टूबर)

असरः पित्त दोष का प्रकोप

क्या करें

–अच्छी तरह पका हुआ गर्म खाना खाएँ।

–मीठी और तीखी चीजें खाएँ।

–थोड़ा घी डालकर सब्जियों का सूप बनाएँ। सलाद के बजाय गुनगुना सूप पिएँ।

–जौ, गेहूं, मूंग, दूध को खाने में शामिल करें।

–दालचीनी, काली मिर्च जैसे मसाले थोड़ी मात्रा में जरूर लें क्योंकि ये खाना पचाने में मदद करते हैं।

–मुमकिन हो तो रात में बाहर सोएँ।

–माथे पर चंदन का लेप लगाएँ।

क्या न करें

–कैफीन (चाय, कॉफी) से दूर रहें क्योंकि इससे शरीर में पानी की कमी हो सकती है।

–ऐसी चीजें न खाएँ, जिनसे पित्त बढ़ता है।

–दही न खाएँ।

–दिन में न सोएँ और रात में देर तक न जागें।

अक्टूबर-नवंबर

(कार्तिकः 14 अक्टूबर से 12 नवंबर)

असरः पित्त दोष का प्रकोप

क्या करें

नारियल तेल, देसी घी जैसे हेल्दी तेलों को खाने में शामिल करें क्योंकि ये पेट साफ रखने में मदद करते हैं।

–अखरोट (रोजाना 1–2) को खाने में शामिल करें क्योंकि ये पेट को गर्मी पहुँचाते हैं और रात में अच्छी नींद लाते हैं।

–पोषक और मीठी चीजों को खाने में शामिल करें ताकि शरीर गर्म रहे और पोषण भी मिले।

क्या न करें

–शरीर को ठंडा और सूखा न रखें। पानी की कमी भी न होने दें क्योंकि ऐसा करने से मीठे की तलब ज्यादा लगने लगती है।

–तीनों वक्त में किसी भी वक्त खाना छोड़े नहीं, खासकर ब्रेकफस्ट जरूर नियमित तौर पर लें।

–ज्यादा खट्टी और एसिड बनाने वाली चीजें न खाएँ।

–मसालेदार और रेडिमेड खाना जो खट्टा और नमकीन होता, वह न खाएँ

–दिन में सोने और रात में देर तक जगने से बचें।

नवंबर-दिसंबर

(मार्गशीर्ष: 13 नवंबर से 12 दिसंबर)

असर: कफ दोष बढ़ना, पित्त दोष कम होना

क्या करें

–तिल, उड़द, दही, गुड़ और चिकनाई युक्त खाना खाएँ।

–अश्वगंधा और शतावरी इस्तेमाल करें ताकि वात कंट्रोल में रहे।

–अदरक, इलायची आदि डालकर हर्बल चाय पिएँ।

–खाने में मीठा, तीखा और नमकीन शामिल करें। इससे ठंडी और सूखी हवाओं के बीच शरीर में नमी बनाए रखने में मदद मिलती है।

–तिल के तेल से मालिश करना फायदेमंद है।

–रोजाना करीब आधा घंटा धूप का सेवन करें।

क्या न करें

–ठंडा पानी न पिएँ।

–सत्तू और वायु बढ़ाने वाली चीजें न खाएँ।

–दूध और दूध से बनी चीजें कम खाएँ।

–बहुत ज्यादा तीखी (करेला, नीम, बैंगन आदि) और कसैली चीजें (अनार, स्प्राउट्स आदि) न खाएँ।

दूध के साथ फल और नमक का सेवन है नुकसानदेह

इसमें कोई शक नहीं कि तेजी से बढ़ती नई-नई बीमारियों की वजह हमारी गलत लाइफस्टाइल है। ऐसे में तमाम डॉक्टर अब पुराने खानपान की ओर लौटने और जिम जाने की बजाए सीढ़ियाँ चढ़ने और खुले में एक्सर्साइज करने की सलाह दे रहे हैं।

लखनऊ के किंग जॉर्ज मेडिकल यूनिवर्सिटी के कुलपति प्रोफेसर एमएलबी भट्ट ने भागदौड़ भरी जिंदगी में कैसे सेहतमंद रह सकते हैं इस पर तमाम नुस्खे बताए हैं। प्रो. भट्ट ने कहा कि अगर आप ज्यादा वक्त दफ्तर में बताते हैं तो कम से कम एक घंटे सैर करें और एक्सर्साइज जरूर करें। उनका कहना था कि बंद दफ्तर की हवा आपकी सेहत के लिए नुकसानदेह है। लिहाजा प्रकृति के करीब रहें। ऐसा करने से सकारात्मक ऊर्जा का संचार होता है। उनका कहना था कि अगर हम अपनी लाइफस्टाइल में जरा भी बदलाव लाएँ तो स्वस्थ जीवन पा सकते हैं।

दूध के साथ फलों का सेवन है नुकसानदेह

प्रो. भट्ट ने कहा कि आज की व्यस्त लाइफस्टाइल में लोग पुराने खानपान को भूल गए हैं। इससे वह नई-नई बीमारियों की चपेट में आसानी से आ रहे हैं। इन बीमारियों से बचने के लिए लोगों को गेंहू, जौ, बाजरा, रागी जैसे मोटे अनाज का सेवन करना चाहिए। बथुआ, मेंथी और ज्यादा से ज्यादा मौसमी सब्जियों और फलों का उपयोग करना चाहिए। सहजन की पत्तियों का सेवन सेहत के लिए बहुत फायदेमंद है।

दूध के साथ फल व नमक न लें

प्रो. भट्ट ने बताया कि शोध में पाया गया है कि सूर्योदय के बाद करीब ढाई घंटे तक भारी नाश्ता जरूर कर लें। दोपहर में हल्का भोजन और रात में

बहुत हल्का भोजन करना चाहिए। लेकिन आजकल लोग इसके विपरीत खा रहे हैं। इससे वह बीमारियों की चपेट में आसानी से आ जाते हैं। उन्होंने यह भी बताया कि दूध के साथ आम को छोड़कर किसी भी तरह के फल या नमक का सेवन न करें। ऐसा करने पर दूध में मौजूद प्रोटीन शरीर को नहीं मिल पाता और इससे शरीर को कई तरह से नुकसान भी होता है।

खुले वातावरण में करें व्यायाम

प्रोफेसर भट्ट के अनुसार आज की पीढ़ी जिम में जाना पसंद करती है। वक्त नहीं मिल पाने के कारण लोग ऐसा करते हैं लेकिन मेरी नजर में यह ठीक नहीं है क्योंकि जिम के अंदर की एयर क्वॉलिटी उतनी अच्छी नहीं होती है इसलिए बेहतर है कि कहीं बाहर सैर करके और एक्सरसाइज करके फिट रहा जाए। वैसे भी खुले वातावरण में लोगों को पॉजिटिव एनर्जी मिलती है। जो शरीर के लिए काफी लाभदायक होती है। उन्होंने कहा कि एक स्वस्थ व्यक्ति को रोजाना 10 हजार कदम चलना ही चाहिए। इससे डायबीटीज, हाइपरटेंशन, कब्ज, कैंसर समेत कई बीमारियों के होने की आशंका बेहद कम होती है।

6 से 8 घंटे की नींद बेहद जरूरी

अगर आपको स्वस्थ्य रहना है तो आपके लिए 6 से 8 घंटे की नींद बेहतर जरूरी है। रात को सोने का सबसे बेहतर टाइमिंग रात 10 बजे से लेकर सुबह 4 बजे है। यहीं नहीं अगर आप ऑफिस में काम करते हैं तो प्रत्येक एक घंटे के अंतराल ऑफिस से निकल खुली हवा में सांस लें। क्योंकि लगातार आफिस में काम करने से कई प्रकार के टॉक्सिंस शरीर से बाहर नहीं निकल पाते हैं जिससे लोग आसानी से बीमार हो जाते हैं।

संतुलित आहार–

एक आहार जो आपके शरीर को आवश्यक सभी पोषक तत्व प्रदान करने पर केंद्रित है। इसमें मैक्रोन्यूट्रिएंट्स जैसे प्रोटीन, कार्बोहाइड्रेट और चरबी के साथ-साथ माइक्रोन्यूट्रीएंट्स भी शामिल हैं जिनमें विटामिन और खनिज शामिल हैं। उनमें से प्रत्येक की शरीर की विभिन्न क्रियाओं को बनाए रखने में एक अलग भूमिका होती है।

ये पोषक तत्व पाँच प्रमुख खाद्य समूहों– फलों और सब्जियों, अनाज और दालों, मांस और डेयरी उत्पादों और वसा और तेलों के संयोजन से प्राप्त होते हैं। एक संतुलित आहार के नियम सरल लगते हैं लेकिन यह पूरी कहानी नहीं है-आपको रोजाना कितना चाहिए, प्रोटीन या कार्ब्स खाने का सबसे अच्छा समय कब है और भाग का आकार क्या होना चाहिए?

जैसे की हम सब जानते है आहार के प्रमुख घटक में शामिल है;

कार्बोहाइड्रेट – Carbohydrate

प्रोटीन – Protien

वसा यानि चर्बी – Fat

खनिज – Minerals

विटामिन – Vitamins

एक संतुलित आहार का अर्थ होता है की रोजाना हमें उपर्युक्त आहार के प्रमुख घटक का एक संतुलन बनाए रखते हुऐ हमारा आहार लेना चाहिए।

कार्बोहाइड्रेट

कार्ब्स के बारे में सच्चाई पचाने में मुश्किल हो सकती है लेकिन पोषण विशेषज्ञ कहते हैं कि वे स्वस्थ संतुलित आहार का एक महत्वपूर्ण हिस्सा हैं। कार्बोहाइड्रेट आपके शरीर की ऊर्जा का मुख्य स्रोत हैं।

भारत में, कुल आहार कैलोरी का 70–80% पौधे अनाज, बाजरा और दाल जैसे खाद्य पदार्थों में मौजूद कार्बोहाइड्रेट से प्राप्त होता है।

"दिन की कुल कैलोरी का आधा हिस्सा कार्ब्स से आना चाहिए। समस्या यह है कि हम ब्रेड, बिस्कुट, सफेद चावल और गेहूं के आटे के रूप में परिष्कृत कार्ब्स पर अधिक जोर देते हैं।

हम भूल जाते हैं कि कार्ब्स पूरे अनाज से अन्य स्वस्थ स्रोतों से आते हैं। जिसमें ब्राउन राइस, बाजरा और ओट्स शामिल हैं जिनका पोषक तत्व अधिक होता है। ये फाइबर के महान स्रोत भी हैं।

आपका भोजन फाइबर के बिना अधूरा होगा–घुलनशील और अघुलनशील दोनों। यह पाचन में मदद करता लेकिन बहुत कम लोग पर्याप्त ले रहे हैं। अधिकांश फल और सब्जियाँ (आलू और मकई के अलावा) और साबुत अनाज भी कम ग्लाइसेमिक इंडेक्स वाले खाद्य पदार्थ हैं, जिसका मतलब है कि वे रक्त शर्करा के स्तर मैं अचानक वृद्धि नहीं करते हैं और उन्हें बनाए रखने में मदद करते हैं। राष्ट्रीय पोषण संस्थान (एनआईएन) 100 ग्राम स्टार्च युक्त सब्जियों के साथ 30 ग्राम अनाज और बाजरा का सुझाव देता है। आपके नाश्ते में निश्चित रूप से अनाज या केले या कुछ अच्छे कार्ब्स होने चाहिए जो आपको दोपहर के भोजन तक उर्जा देते हैं, फलों और सब्जियों में ग्लूकोज और फ्रुक्टोज जैसे सरल कार्बोहाइड्रेट पाए जाते हैं। और शहद, चीनी में सुक्रोज और दूध में लैक्टोज, जबकि जटिल पॉलीसेकेराइड पशु खाद्य पदार्थों में अनाज, बाजरा, दाल और जड़ सब्जियों और ग्लाइकोजन में स्टार्च होते हैं।

अनुशंसित आहार भत्ता–

पुरुषः 2320 किलो कैलोरी / दिन

महिलाः 1900 किलो कैलोरी / दिन

प्रोटीनः

पोषण विशेषज्ञ कहते हैं, "आपके आहार में लगभग 30 से 35% प्रोटीन होना चाहिये। यह दाल, दूध, पत्तेदार साग, अंडे, सफेद मांस या स्प्राउट्स के रूप में हो सकता है।

प्रोटीन आपके शरीर की सभी कोशिकाओं, साथ ही आपके बालों, त्वचा और कोमल ऊतकों का मुख्य घटक है। इसके अलावा, हम कार्ब्स की तुलना में प्रोटीन को पचाने में अधिक कैलोरी जलाते हैं। चूंकि पुरुषों में मांसलता होती है और आमतौर पर महिलाओं की तुलना में अधिक वजन होता है, इसलिए उन्हें अधिक प्रोटीन की आवश्यकता अधिक होती है।

हमारे देश में प्रोटीन की कमी बहुत आम है और सिफारिश करती हैं कि हमें हर भोजन के साथ प्रोटीन लेना चाहिए, चाहे वह किसी भी रूप में

हो, जैसे- साबुत दाल, पनीर या बेसन या दालें द्वाप्छ के अनुसार हमे हर दिन 30 ग्राम लेना चाहीये। भारतीय बाजार अनुसंधान ब्यूरो द्वारा हाल ही में किए गए एक सर्वेक्षण में पता चला है कि 10 में से 9 लोगों ने अपर्याप्त मात्रा में प्रोटीन को लिया जा रहा है।

यह हमारे पारंपरिक खाद्य पदार्थों की बढ़ती खपत के कारण हो सकता है जो कार्ब्स और शर्करा में उच्च और प्रोटीन में कम हैं।

अनुशंसित आहार भत्ता–

पुरुषः 60 ग्राम / दिन

महिलाः 55 ग्राम / दिन

वसाः (चरबी)

वसा ऊर्जा प्रदान करते हैं, विटामिन स्टोर करते हैं और हार्मोन को संश्लेषित करते हैं।

एनआईएन के अनुसार, आपके आहार का लगभग 1/5 वां हिस्सा या 20% सभी तीन प्रकार के पोलीअनसैचुरेटेड, मोनोसैचुरेटेड और ओमेगा–3 फैटी एसिड में वसा के लिए समर्पित होना चाहिए। दिन में खाना पकाने में इस्तेमाल होने वाला वनस्पति तेल हमारे आहार में दृश्य वसा का एक प्रमुख स्रोत है। उच्चतम वसा गुणवत्ता सुनिश्चित करने के लिए वनस्पति तेलों के संयोजन का उपयोग महत्वपूर्ण है। अंगूठे का नियम–विभिन्न तेलों की कोशिश करने से डरो मत। यह संतुलित आहार के लिए विभिन्न प्रकार के तेलों का अच्छा मिश्रण होने का सुझाव दिया गया है। आप मक्खन, घी, जैतून का तेल, सरसों का तेल, सोयाबीन, तिल या यहां तक कि मूंगफली के तेल भी इस्तेमाल कर सकते हैं। रिफाइंड तेलों के मुकाबले कोल्ड कंप्रेस तेल यां कच्ची घानी तेल पर अधिक निर्भर रहना चाहिये।

विटामिन और खनिजः

ये सूक्ष्म पोषक तत्व चयापचय, तंत्रिका और मांसपेशियों के कार्य, हड्डी के रखरखाव और कोशिका उत्पादन का समर्थन करते हैं। खनिज अकार्बनिक

होते हैं और इसलिए पौधों, मांस और मछली से खनिज आसानी से शरीर में अपना रास्ता खोज लेते हैं।

विटामिन नाजुक तत्व होते हैं और उन्हें खाना पकाने या भंडारण के दौरान बचाये रखना मुश्किल होता है। उन्हें नट, तिलहन, फल और हरी पत्तेदार सब्जियों से प्राप्त किया जा सकता है।

विटामिन ए, ई, बी 12 डी कैल्शियम और लोहा महत्वपूर्ण हैं।

राष्ट्रीय पोषण संस्थान प्रत्येक दिन 100 ग्राम साग और 100 ग्राम फलों की खपत की सिफारिश करता है।

भारत में, लोहे की कमी या एनीमिया लगभग 50% आबादी को प्रभावित करती है, पुरुषों की तुलना में अधिक महिलाएँ प्रभावित होती है क्योंकि महिलाएँ गर्भावस्था से लेकर मासिक धर्म और रजोनिवृत्ति तक कई हार्मोनल बदलावों से गुजरती हैं, इसलिए उन्हें कैल्शियम, विटामिन डी, फोलिक एसिड, आयरन और बायोटिन की एक स्थिर खुराक बनाए रखने की आवश्यकता होती है। एक और महत्वपूर्ण पहलू जो है पर्याप्त पानी पीने की जरूरत है। इसकी कमी से एसिडिटी और वाटर रिटेंशन हो सकता है। कहीं भी आपके शरीर को हाइड्रेटेड रखने के लिए छह से आठ गिलास पानी की आवश्यकता होती है।

अनुशंसित आहार कैल्शियम का भत्ता–

(100 ग्राम दूध और दूध उत्पाद)

पुरुषः 600 मिलीग्राम / दिन

महिलाः 600 मिलीग्राम / दिन

लोहे की अनुशंसित आहार भत्ता–

पुरुषः 17 मिलीग्राम / दिन

महिलाः 21मिलीग्राम / दिन

पर्याप्त आदर्श आहार क्या है?

अपने शरीर को सुचारू रूप से चलाने के लिए, आपको तीन मुख्य भोजन की आवश्यकता होती है जो स्वस्थ स्नैकिंग के साथ तुशा को संतुष्ट करते हैं। आदर्श रूप से, नाश्ता दिन का सबसे भारी भोजन होना चाहिए, लेकिन अपने व्यस्त कार्यक्रम के कारण केवल एक गिलास दूध और एक टोस्ट हड़प लेते है। जब आपका दिन एक हल्के नोट पर शुरू होता है, उसके बाद एक दोपहर का भोजन जल्दी से होता है, तो आप रात के खाने के लिए जरूरत से ज्यादा खाना खा लेते हैं। जबकि एक सामान्य भारतीय परिवार में रात का खाना सबसे हल्का होना चाहिए। यह एक संतुलित आहार की विशेषता है।

नाश्ता:

एक अच्छा सुबह का भोजन तीन चीजों को शामिल करना चाहिए। ये आहार फाइबर या कार्बोहाइड्रेट (पूरे अनाज की रोटी, दलिया, सफेद जई, गेहूं के गुच्छे), प्रोटीन (अंडे और अंडे का सफेद, दही, दूध और अंकुरित) और नट्स (बादाम, अखरोट, खुबानी और अंजीर) हैं। इस तरह आप बाकी दिन कम कैलोरी खाएँगे।

दोपहर का भोजन:

इसे हाई-फाइबर साबुत अनाज जैसे ब्राउन राइस, जौ या ज्वार, स्टार्च वाले कार्ब्स और प्रोटीन के कुछ अच्छे स्रोत जैसे कि पनीर, दालें, चिकन या मछली का मिश्रण बनाएँ। अपने भोजन को पूरा करने के लिए ताजे सलाद से और दही या छाछ और फाइबर जैसे कुछ प्रोबायोटिक्स शामिल करें।

रात का भोजन:

एक स्वस्थ संतुलित आहार बनाए रखने के लिए, एक उच्च तृप्ति मूल्य वाले खाद्य पदार्थों को चुनें जो आपको अधिक समय तक भरा रखें और आधी रात को द्वि घातुमान को रोकें। विटामिन और खनिजों पर लोड करने के लिए अपनी प्लेट को साग के साथ भरें। कार्ब्स को सीमित करें लेकिन उन्हें काटें नहीं। उन्हें कुछ स्वस्थ वसा जैसे मछली, नट और बीज के तेल के साथ

मिलाएँ। आपका शरीर रातों रात उत्थान और मरम्मत के लिए इनका उपयोग करता है।

स्नैकिंग को मत छोड़ोः

यह त्वरित 'पिक-मी-अप' की आपको आवश्यकता है। आप जंक फूड की जगह ताजे फल दही, दही लस्सी, नट्स या सलाद के साथ परिवर्तन करने की कोशिश करे। थोड़ा थोड़ा लेकर लगातार भोजन करना आदर्श तरीका है। इसका मतलब यह नहीं है कि आप अधिक खाएँ लेकिन दिन भर में अपनी दैनिक आवश्यकताओं को बांटे।

जब आप खाते हैं तो उतना ही महत्वपूर्ण है जितना आप खाते हैं। पाचन को सुचारू बनाने की कुंजी भोजन के समय में है। नाश्ते, दोपहर और रात के खाने के लिए सबसे उपयुक्त समय बताती हैं। "दिन का पहला भोजन जागने के लगभग डेढ़ घंटे बाद लिया जाना चाहिए। आगे, नाश्ते और दोपहर के भोजन के बीच कम से कम तीन घंटे का अंतर होना चाहिए और दोपहर और भोजन के बीच एक ही होना चाहिए। रात के खाने के दो घंटे का सबसे अच्छा आनंद लिया जाता है। आपके सोने से पहले शरीर को पाचन प्रक्रिया को लपेटने की अनुमति देने के लिए।

७. पुरुष वेशभूषा

चोटी

सुश्रुत संहिता में लिखा है कि मस्तक के भीतर ऊपर जहां बालों का आवृत (भंवर) होता है, वहां सम्पूर्ण नाड़ियों व संधियों का मेल है, उसे 'अधिपतिमर्म' कहा जाता है। यहां पर चोट लगने से तत्काल मृत्यु हो जाती है। सुषुम्ना के मूल स्थान को 'मस्तुलिंग' कहते हैं। मस्तिष्क के साथ ज्ञानेन्द्रियों-कान, नाक, जीभ, आँख आदि का संबंध है और कर्मेन्द्रियों-हाथ, पैर, गुदा, इंद्रिय आदि का संबंध मस्तुलिंग से है। मस्तिष्क मस्तुलिंग जितने

सामर्थ्यवान होते हैं, उतनी ही ज्ञानेन्द्रियों और कर्मेन्द्रियों की शक्ति बढ़ती है। मस्तिष्क ठंडक चाहता है औमस्तुलिंगंग गर्मी। मस्तिष्क को ठंडक पहुँचाने के लिए क्षौर कर्म करवाना औमस्तुलिंगंग को गर्मी पहुँचाने के लिए गोखुर के परिणाम के बाल रखना आवश्यक है। बाल कुचालक हैं, अतः चोटी के लम्बे बाल बाहर की अनावश्यक गर्मी या ठंडक समस्तुलिंगंग की रक्षा करते हैं।

चोटीधारी और जटाधारी

पहला जो कर्मकांड, संस्कार आदि को संपन्न कराता है वह प्राचीनकाल में चोटीधारी होता था उसके सिर पर सिर्फ चोटी ही होती थी। दूसरा वह जो धर्म, शिक्षा और दीक्षा का कार्य करता था वह दाड़ी और जटाधारी होता था। लेकिन कालांतर में समाज के यह विभाजन बदलते गए। शास्त्रों के अनुसार चोटी की लंबाई और आकार गाय के पैर के खुर के बराबर होनी आवश्यक मानी गई है जबकि वर्तमान में इसका ध्यान नहीं रखा जाता। प्राचीन काल में किसी की शिखा काट देना मृत्युदंड के समान माना जाता था।

चोटी या शिखा रखने के कारण

वैष्णव पंथी जब मुंडन कराते हैं तो चोटी रखते हैं और शैव पंथी जब मुंडन कराते हैं तो चोटी नहीं रखते हैं। मुंडन कराने के कई मौके होते हैं। पहला जब पैदा होने के बाद जब पहली बार बाल उतारे जाते हैं, दूसरा जब परिवार आदि में कोई शांत हो जाता है तब, तीसरा विशेष तीर्थ आदि में और चौथा किसी विशेष पूजा या कर्मकांड में।

चोटी रखने के कई कारण होते हैं। बच्चे की उम्र के पहले वर्ष के अंत में या तीसरे, पाँचवें या सातवें वर्ष के पूर्ण होने पर बच्चे के बाल उतारे जाते हैं और यज्ञ किया जाता है जिसे मुंडन संस्कार या चूड़ाकर्म संस्कार कहा जाता है। चोटी या शिखा रखने का संस्कार बच्चे के मुंडन और उपनयन संस्कार के समय किया जाता है। जब यज्ञोपवीत धारण की जाती है तब भी मुंडन संस्कार में चोटी रखी जाती है। यज्ञोपवीत कोई भी संप्रदाय का व्यक्ति धारण कर सकता है। जिस स्थान पर चोटी रखी जाती है उसे सहस्त्रार चक्र कहते हैं। उस स्थान के ठीक नीचे आत्मा का निवास होता है जिसे ब्रह्मरंध कहा गया है। चोटी रखने के बाद उसमें गठान बाँधी जाती है।

सिर में सहस्रार के स्थान पर चोटी रखी जाती है अर्थात सिर के सभी बालों को काटकर बीचोबीच के स्थान के बाल को छोड़ दिया जाता है। इस स्थान के ठीक 2 से 3 इंच नीचे आत्मा का स्थान है। भौतिक विज्ञान के अनुसार यह मस्तिष्क का केंद्र है। विज्ञान के अनुसार यह शरीर के अंगों, बुद्धि और मन को नियंत्रित करने का स्थान भी है। वैज्ञानिक कहते हैं कि जिस जगह पर चुटिया रखी जाती है उस जगह पर दिमाग की सारी नसें आकर मिलती हैं। हमारे ऋषियों ने सोच-समझकर चोटी रखने की प्रथा को शुरू किया था।

इस स्थान पर चोटी रखने से मस्तिष्क का संतुलन बना रहता है। शिखा रखने से इस सहस्रार चक्र को जागृत करने और शरीर, बुद्धि व मन पर नियंत्रण करने में सहायता मिलती है। धार्मिक ग्रंथों के अनुसार सहस्रार चक्र का आकार गाय के खुर के समान होता है इसीलिए चोटी का आकार भी गाय के खुर के बराबर ही रखा जाता है।

मिशन विचार क्रांति शान्तिकुंज हरिद्वार के अनुसार असल में जिस स्थान पर शिखा यानी कि चोटी रखने की परंपरा है, वहां पर सिर के बीचोबीच सुषुम्ना नाड़ी का स्थान होता है तथा शरीर विज्ञान यह सिद्ध कर चुका है कि सुषुम्ना नाड़ी इंसान के हर तरह के विकास में बड़ी ही महत्वपूर्ण भूमिका निभाती है। चोटी रखने के स्थान सीधे नीचे सुषुम्ना नाड़ी होती है, जो कपाल तंत्र के अन्य खुली जगहों (मुंडन के समय) की अपेक्षा ज्यादा संवेदनशील भी होती है। चोटी सुषुम्ना नाड़ी को हानिकारक प्रभावों से तो बचाती ही है, साथ में ब्रह्मांड से आने वाले सकारात्मक तथा आध्यात्मिक विचारों को कैच यानी कि ग्रहण भी करती है।

इस तरह से चोटी रखना घातक?

फैशन के चलते भी कई पुरुष महिलाओं की तरह भी चोटी रखने लगे हैं यह उनके व्यक्तित्व और भविष्य के लिए घातक सिद्ध हो सकता है। वर्तमान में देखा जा रहा है कि घने बालों के बीच पुरुषों में चोटी या शिखा रखने का प्रचलन चल रहा है। यह अनुचित तरीका है। शिखा बंधन और

विधान को जाने या उनका पालन किए बगैर चोटी रखना अनुचित ही नहीं घात भी सिद्ध हो सकता है।

हालांकि लाल किताब के अनुसार घने बालों के बीच भी चोटी कुछ विशेष परिस्थिति में रख सकते हैं। जैसे कि जिस किसी की भी कुंडली में राहु नीच का हो या राहु खराब असर दे रहा है तो उसे माथे पर तिलक और सिर पर चोटी रखने की सलाह दी जाती है, लेकिन यदि ऐसा नहीं है तो चोटी रखना हानीकारक भी हो सकता है। यदि गुरु अच्छी स्थिति में है तब भी चोटी रखना घातक सिद्ध हो सकता है।

दरअसल हमारे सिर और पैर के स्थान पर उत्तरी और दक्षिणी ध्रुव का असर होता है। यह मान लिया जाए कि हम एक धरती है तो सिर और पैर का स्थान उत्तरी और दक्षिणी ध्रुव है। इसीलिए तो दक्षिण में पैर करके नहीं सोते क्योंकि जिस तरह से दक्षिण से उत्तर की ओर उर्जा का प्रवाह जारी है उसी तरह हमारे सिर से पैर की ओर उर्जा प्रवाहित हो रही है। हमें इस विज्ञान को समझकर ही चोटी रखना चाहिए। अन्यथा यह कभी घातक भी सिद्ध हो सकता है।

सिर पर चोटी रखने के उचित स्थान, उचित लंबाई और आकार को समझ कर ही चोटी रखें। चोटी में कब गठान बाँधी जाती है और कब खोली जाती है यह भी समझना जरूरी है। स्नान, दान, जप, हवन आदि में शिखा बंधी होनी चाहिए। भोजन, लघुशंका, दीर्घशंका, मैथुन, व मुर्दा ढोते समय शिखा खोल देनी चाहिए। घने बालों में चोटी रखना चाहिए या नहीं यह भी किसी जानकार से पूछकर ही रखें। चोटी रखने को फैशन न समझें।

तिलक

तिलक लगाने की परंपरा भारतीय संस्कृति और धर्म में प्राचीन काल से ही रही है। किसी आयोजन में आने वाले व्यक्ति का स्वागत-सत्कार तिलक लगाकर ही करते हैं। विवाहित स्त्री अपने मस्तक पर कुमकुम का तिलक धारण करती है। शादी-विवाह या किसी मांगलिक कार्य में बहन-बेटी या महिलाएँ एक दूसरे का स्वागत हल्दी कुमकुम लगाकर करती है। पूजा और भक्ति का एक प्रमुख अंग तिलक है। भारतीय संस्कृति में पूजा-अर्चना,

संस्कार विधि, मंगल कार्य, यात्रा गमन, शुभ कार्यों के प्रारंभ में माथे पर तिलक लगाकर उसे अक्षत से विभूषित किया जाता है।

तिलक का महत्व

तिलक का अध्यात्मिक और धार्मिक महत्वः तिलक लगाने के 12 स्थान हैं। सिर, ललाट, कंठ, हृदय, दोनों बाहु, बाहुमूल, नाभि, पीठ, दोनों बगल में, इस प्रकार बारह स्थानों पर तिलक करने का विधान है। मस्तक पर तिलक जहाँ लगाया जाता है वहां आत्मा अर्थात हम स्वयं स्थित होते हैं। तिलक मस्तक पर दोनों भौंहों के बीच नासिका के ऊपर प्रारंभिक स्थल पर लगाए जाते हैं जो हमारे चिंतन-मनन का भी स्थान है। यह स्थान चेतन-अवचेतन अवस्था में भी जागृत एवं सक्रिय रहता है, इसे आज्ञा चक्र भी कहते हैं। इन दोनों के संगम बिंदु पर स्थित चक्र को निर्मल, विवेकशील, ऊर्जावान, जागृत रखने के साथ ही तनावमुक्त रहने हेतु ही तिलक लगाया जाता है। इस बिंदु पर यदि सौभाग्यसूचक द्रव्य जैसे चंदन, केशर, कुमकुम आदि का तिलक लगाने से सात्विक एवं तेजपूर्ण होकर आत्मविश्वास में अभूतपूर्ण वृद्धि होती है, मन में निर्मलता, शांति एवं संयम में वृद्धि होती है।

तिलक लगाने का वैज्ञानिक महत्वः ललाट पर तिलक धारण करने से मस्तिष्क को शांति और शीतलता मिलती है तथा बीटाएंडोरफिन और सेराटोनिन नामक रसायनों का स्राव संतुलित मात्रा में होने लगता है। इन रसायनों की कमी से उदासीनता और निराशा के भाव पनपने लगते हैं अतः तिलक उदासीनता और निराशा से मुक्ति प्रदान करने में सहायक है। विभिन्न द्रव्यों से बने तिलक की उपयोगिता और महत्व अलग-अलग हैं।

तिलक लगाने के 10 फायदे

1. **किस अंगुली से लगाने से क्या फायदाः** अनामिका अंगुली से तिलक करने से मन और मस्तिष्क को शांति मिलती है, मध्यमा से आयु बढ़ाती है, अंगूठे से तिलक करना पुष्टिदायक कहा गया है और तर्जनी से तिलक करने पर मोक्ष मिलता है। विष्णु संहिता के अनुसार देव कार्य में अनामिका, पितृ कार्य में मध्यमा, ऋषि कार्य में कनिष्ठिका तथा तांत्रिक कार्यों में प्रथमा अंगुली का प्रयोग होता है।

2. **प्रत्येक देवता का अलग तिलक:** मान्यता है कि विष्णु आदि देवताओं की पूजा में पीत चंदन, गणेश पूजा में हरिद्रा चंदन, पितृ कार्यों में रक्त चंदन, शिव पूजा में भस्म, ऋषि पूजा में श्वेत चंदन, मानव पूजा में केसर और चंदन, लक्ष्मी पूजा में केसर एवं तांत्रिक कार्यों में सिंदूर का प्रयोग तिलक के लिए करना चाहिए। इससे देवता प्रसन्न होते हैं।
3. **चंदन का तिलक:** चंदन का तिलक लगाने से पापों का नाश होता है, व्यक्ति संकटों से बचता है, उस पर लक्ष्मी की कृपा हमेशा बनी रहती है, ज्ञानतंतु संयमित व सक्रिय रहते हैं। चंदन का तिलक ताजगी लाता है और ज्ञान तंतुओं की क्रियाशीलता बढ़ाता है। चन्दन के प्रकार: हरि चंदन, गोपी चंदन, सफेद चंदन, लाल चंदन, गोमती और गोकुल चंदन।
4. **कुमकुम का तिलक:** कुमकुम का तिलक तेजस्विता प्रदान करता है।
5. **मिट्टी का तिलक:** विशुद्ध मिट्टी के तिलक से बुद्धि-वृद्धि और पुण्य फल की प्राप्ति होती है।
6. **केसर का तिलक:** केसर का तिलक लगाने से सात्विक गुणों और सदाचार की भावना बढ़ती है। इससे बृहस्पति ग्रह का बल भी बढ़ जाता है और भाग्यवृद्धि होती है।
7. **हल्दी का तिलक:** हल्दी से युक्त तिलक लगाने से त्वचा शुद्ध होती है।
8. **दही का तिलक:** दही का तिलक लगाने से चंद्र बल बढ़ता है और मन-मस्तिष्क में शीतलता प्रदान होती है।
9. **इत्र का तिलक:** इत्र कई प्रकार के होते हैं। अलग अलग इत्र के अलग अलग फायदे होते हैं। इत्र का तिलक लगाने से शुक्र बल बढ़ता हैं और व्यक्ति के मन-मस्तिष्क में शांति और प्रसन्नता रहती है।
10. **गोरोचन:** गोरोचन आज के जमाने में एक दुर्लभ वस्तु हो गई है। गोरोचन गाय के शरीर से प्राप्त होता है। कुछ विद्वान का मत है कि यह गाय के मस्तक में पाया जाता है, किंतु वस्तुतः इसका नाम 'गोपित्त' है, यानी कि गाय का पित्त। हल्की लालिमायुक्त पीले रंग का यह एक अति

सुगंधित पदार्थ है, जो मोम की तरह जमा हुआ सा होता है। अनेक औषधियों में इसका प्रयोग होता है। यंत्र लेखन, तंत्र साधना तथा सामान्य पूजा में भी अष्टगंध-चंदन निर्माण में गोरोचन की अहम भूमिका है। गोरोचन का नियमित तिलक लगाने से समस्त ग्रहदोष नष्ट होते हैं। आध्यात्मिक साधनाओं के लिए गारोचन बहुत लाभदायी है।

11. **तिलकों का मिश्रण:** अष्टगन्ध में आठ पदार्थ होते हैं–कुंकुम, अगर, कस्तुरी, चन्द्रभाग, त्रिपुरा, गोरोचन, तमाल, जल आदि। पंचगंध में गोरोचन, चंदन, केसर, कस्तूरी और देशी कपूर मिलाया जाता है। गंधत्रय में सिंदूर, हल्दी और कुमकुम मिलाया जाता है। यक्षकर्दम में अगर, केसर, कपूर, कस्तूरी, चंदन, गोरोचन, हिंगुल, रतांजनी, अम्बर, स्वर्णपत्र, मिर्च और कंकोल सम्मिलित होते हैं।

माला

वैजयंती के बीजों की मात्रा: वैजयंती फूलों का बहुत ही सौभाग्यशाली वृक्ष होता है। मान्यता है कि पुष्य नक्षत्र में वैजयंती के बीजों की माला धारण करना बहुत ही शुभ फलदायक है। इस माला को धारण करने के बाद ग्रह-नक्षत्रों का प्रभाव खत्म हो जाता है, खासकर शनि का दोष समाप्त हो जाता है।

इसको धारण करने से नई शक्ति तथा आत्मविश्वास में वृद्धि होती है। मानसिक शांति प्राप्त होती है जिससे व्यक्ति अपने कार्यक्षेत्र में मन लगाकर कार्य करता है। इस माला को किसी भी सोमवार अथवा शुक्रवार को गंगाजल या शुद्ध ताजे जल से धोकर धारण करना चाहिए।

कमल के बीजों की माला: कमल के फूल का हिन्दू धर्म में बहुत महत्व है। कमल पुष्प के बीजों की माला को कमल गट्टे की माला कहा जाता है। इस माला को धारण करने वाला शत्रुओं पर विजयी होता है। मां काली की उपासना के लिए काली हल्दी अथवा नीलकमल की माला का प्रयोग करना चाहिए। माता लक्ष्मी की उपासना के लिए कमल गट्टे की माला शुभ मानी गई है।

इसको धारण करने से लक्ष्मी की विशेष कृपा प्राप्त होती है। अक्षय तृतीया, दीपावली, अक्षय नवमी के दिन इस माला से कनकधारा स्तोत्र का जप करने वाले को धनलाभ के अवसर मिलते रहते हैं।

तुलसी के बीजों की माला: तुलसी के बीजों की माला बहुत ही लाभदायक होती है। तुलसी मुख्य रूप से दो प्रकार की होती है। श्यामा तुलसी और रामा तुलसी। श्यामा तुलसी अपने नाम के अनुसार ही श्याम वर्ण की होती है तथा रामा तुलसी हरित वर्ण की होती है। तुलसी और चंदन की माला विष्णु, राम और कृष्ण से संबंधित जपों की सिद्धि के लिए उपयोग में लाई जाती है। इसके लिए मंत्र 'ॐ विष्णवै नमः' का जप श्रेष्ठ माना गया है। मांसाहार आदि तामसिक वस्तुओं का सेवन करने वाले लोगों को तुलसी की माला धारण नहीं करनी चाहिए।

श्यामा तुलसी: श्यामा तुलसी की माला धारण करने से विशेष रूप से मानसिक शांति प्राप्त होती है, ईश्वर के प्रति श्रद्धा-भक्ति बढ़ती है, मन में सकारात्मक भावना का विकास होता है, आध्यात्मिक उन्नति के साथ ही पारिवारिक तथा भौतिक उन्नति होती है। इस माला को शुभ वार, सोम, बुध, बृहस्पतिवार को गंगाजल से शुद्ध करके धारण करना चाहिए।

रामा तुलसी माला: इस माला को धारण करने से व्यक्ति के अंदर आत्मविश्वास में वृद्धि तथा सात्विक भावनाएं जागृत होती हैं। अपने कर्तव्यपालन के प्रति मदद मिलती है। इस माला को शुभ वार, सोम, गुरु, बुध को गंगाजल से शुद्ध करके धारण करना चाहिए।

तुलसी के बीजों की माला के अन्य लाभ: तुलसी की माला में विद्युत शक्ति होती है। इस माला को पहनने से यश, कीर्ति और सौभाग्य बढ़ता है। शालिग्राम पुराण में कहा गया है कि तुलसी की माला भोजन करते समय शरीर पर होने से अनेक यज्ञों का पुण्य मिलता है। जो भी कोई तुलसी की माला पहनकर नहाता है, उसे सारी नदियों में नहाने का पुण्य मिलता है। तुलसी की माला पहनने से बुखार, जुकाम, सिरदर्द, चमड़ी के रोगों में भी लाभ मिलता है। संक्रामक बीमारी और अकाल मौत भी नहीं होती, ऐसी धार्मिक

मान्यता है। तुलसी माला पहनने से व्यक्ति की पाचन शक्ति, तेज बुखार, दिमाग की बीमारियों एवं वायु संबंधित अनेक रोगों में लाभ मिलता है।

लाल चंदन की मात्राः चंदन 2 प्रकार के पाए जाते हैं–रक्त एवं श्वेत। चंदन का गुण शीतल है। यदि आपको सर्दी की शिकायत रहती है तो इसे धारण न करें। मां दुर्गा की उपासना रक्त चंदन की माला से करना चाहिए। इससे मंगल ग्रह के दोष भी दूर होते हैं। तुलसी और चंदन की माला विष्णु, राम और कृष्ण से संबंधित जपों की सिद्धि के लिए उपयोग में लाई जाती है। इसके लिए मंत्र 'ॐ विष्णवै नमः' का जप श्रेष्ठ माना गया है। चंदन की माला धारण करने से नौकरीपेशा में उन्नति तो होती ही है, सभी लोग ऐसे व्यक्ति से खुश रहते हैं और सभी उसके मित्र बने रहते हैं। ऐसे व्यक्ति को सभी ओर से सहयोग प्राप्त होता रहता है। चंदन कई रोगों को शांत करता है, जैसे तृषा, थकान, रक्तविकार, दस्त, सिरदर्द, वात पित्त, कफ, कृमि और वमन आदि।

सफेद चंदन की मात्राः सफेद चंदन की माला से महासरस्वती, महालक्ष्मी मंत्र, गायत्री मंत्र आदि का जप करना विशेष शुभ फलप्रद होता है। इसके अतिरिक्त इस माला को मानसिक शांति एवं लक्ष्मी प्राप्ति के लिए भी गले में धारण करने से लाभ होता है।

स्फटिक मालाः स्फटिक पत्थर देखने में कांच जैसा प्रतीत होता है। स्फटिक पत्थर से विशेष कटिंगदार मनके बनाकर मालाएँ भी बनाई जाती हैं, जो अत्यंत आकर्षक होने के बावजूद अल्प मोली होती हैं। स्फटिक की माला धारण करने से शुक्र ग्रह दोष दूर होता है। माता लक्ष्मी की उपासना के लिए स्फटिक की माला शुभ मानी गई है।

स्फटिक पंचमुखी ब्रह्मा का स्वरूप है। इसके देवता कालाग्नि हैं। इसके उपयोग से दुःख और दारिद्र नष्ट होता है। पुण्य का उदय होता है शारीरिक स्वास्थ्य प्राप्त होता है एवं यह पाप का नाशक है। इसका मंत्र है–

'पंचवक्त्रः स्वयं रुद्रः कालाग्निर्नाम नामतः॥'

सोमवार को स्फटिक माला धारण करने से मन में पूर्णतः शांति की अनुभूति होती है एवं सिरदर्द नहीं होता॥

शनिवार को स्फटिक माला धारण करने से रक्त से संबंधित बीमारियों में लाभ होता है।

अत्यधिक बुखार होने की स्थिति में स्फटिक माला को पानी में धोकर कुछ देर नाभि पर रखने से बुखार कम होता है एवं आराम मिलता है।

मोती, सीप या शंख माला: मोती, शंख या सीप की माला धारण करने वाले को संसार के समस्त प्रकार के लाभ मिलते हैं। इसके पहनने से चन्द्रमा संबंधी सभी दोष नष्ट हो जाते हैं। यह माला विशेषकर कर्क राशि के जातकों के लिए उपयोगी मानी जाती है।

जामुन की गुठली की माला: जामुन की माला प्रायः मकर व कुंभ राशि के जातकों के लिए उपयोगी मानी गई है। माना जाता है कि इसको धारण करने से शनि से संबंधित सभी दोष नष्ट हो जाते हैं।

हल्दी की माला: इस माला को हरिद्रा की गांठ से निर्मित किया जाता है। इस माला का विशेष उपयोग पीतांबरा देवी, बगलामुखी मंत्र के जप अनुष्ठान में किया जाता है। हल्दी की माला विशेषकर धनु एवं मीन राशि वाले जातकों के लिए उपयोगी मानी गई है। हल्दी की माला भाग्य दोष का हरण करती है। हल्दी की माला धन एवं कामना पूर्ति और आरोग्यता के लिए श्रेष्ठ है। ऐसा माना जाता है कि पीलिया से पीड़ित व्यक्ति को हल्दी की माला पहनाने से पीलिया समाप्त हो जाता है।

यदि गुरु को बलवान बनाना है तो यह माला धारण करें। इसको धारण करने से गुरु ग्रह संबंधित सभी दोष नष्ट हो जाते हैं। भगवान गणेश की उपासना के लिए हल्दी और दूब की माला लाभकारी होती है और बृहस्पति के लिए हल्दी या जीया पोताज् की माला का प्रयोग करें।

शत्रु बाधा निवारण के लिए इस माला पर बगलामुखी देवी के मंत्र का जाप किया जाता है। बृहस्पति ग्रह के मंत्र का जाप करने से भी शुभ फल प्राप्त होता है।

रुद्राक्ष की माला: यह माला किसी ज्योतिष से पूछकर ही पहनें। यह आपके रक्तचाप को कंट्रोल या अनकंट्रोल कर सकती है। आमतौर पर एक

से लेकर चौदहमुखी रुद्राक्ष की माला बनाई जाती है। कहते हैं कि 26 दानों की माला सिर पर, 50 की गले में, 16 की बांहों में और 12 की माला मणिबंध में पहनने का विधान है। 108 दानों की माला पहनने से अश्वमेध यज्ञ का फल मिलता है। पद्म पुराण, शिव महापुराण अनुसार इसे पहनने वाले को शिवलोक मिलता है।

शिवपुराण में कहा गया है–

यथा च दृश्यते लोके रुद्राक्षः फलदः शुभः।

न तथा दृश्यन्ते अन्या च मालिका परमेश्वरि।।

अर्थातः विश्व में रुद्राक्ष की माला की तरह दूसरी कोई माला फल देने वाली और शुभ नहीं है।

श्रीमद् देवी भागवत में लिखा है–

रुद्राक्ष धारणच्च श्रेष्ठ न किचदपि विद्यते।

अर्थातः विश्व में रुद्राक्ष धारण से बढ़कर कोई दूसरी चीज नहीं है। रुद्राक्ष की माला श्रद्धा से पहनने वाले इंसान की आध्यात्मिक तरक्की होती है।

रुद्राक्षः यह सर्वकल्याणकारी, मंगल प्रदाता एवं आयुष्यवर्द्धक है। पंचमुखी रुद्राक्ष मेष, धनु, मीन, लग्न के जातकों के लिए अत्यंत उपयोगी माना गया है। यह माला सामान्यतः सभी मंत्रों के जप के लिए उपयोगी मानी गई है। रुद्राक्ष की छोटे दानों की माला अधिक शुभ मानी जाती है। जितने बड़े दानों की माला होती है, उतनी ही वह सस्ती भी होती है।

मूंगे की मात्राः मूंगे के पत्थरों से बनाई गई इस माला से मंगल ग्रह की शांति होती है, विशेषकर मेष और वृश्चिक राशि के जातकों के लिए उपयोगी मानी गई है। मूंगा मंगल ग्रह का रत्न है अर्थात मूंगा धारण करने से मंगल ग्रह से संबंधित सभी दोष दूर हो जाते हैं। मूंगा धारण करने से रक्त साफ होता है तथा रक्त से संबंधित सभी दोष दूर हो जाते हैं। मूंगा धारण करने से मान–स्वाभिमान में वृद्धि होती है एवं मूंगा धारण करने वाले पर भूत–प्रेत तथा जादू–टोने का असर नहीं होता। मूंगा धारण करने वाले की व्यापार या नौकरी में उन्नति होती है। मूंगे को सोने या तांबे में पहनना अच्छा माना जाता है।

नवरत्न की माला: ज्योतिष शास्त्र की भारतीय पद्धति में सूर्य, चन्द्र, मंगल, बुध, गुरु, शुक्र, शनि, राहु तथा केतु को ही मान्यता प्राप्त है। असली नवरत्न माला में अनेक गुण पाए जाते हैं। इसे धारण करने मात्र से अनेक सफलता एवं सिद्धियां प्राप्त होती हैं।

प्रत्येक ग्रह को नवग्रहों में से किसी एक ग्रह विशेष से संबद्ध किया गया है। इस नवरत्न माला में वैज्ञानिक आधार पर निम्न तात्विक सरंचना पाई जाती हैं, जैसे एल्युमीनियम, ऑक्सीजन, क्रोमियम तथा लौह, कैल्शियम कार्बोनेट, मैग्नीशियम, बैरीलियम, मिनयिम, फ्लोरीन, हाइड्रोक्सिल, जिक्रोनियम आदि तात्विक संरचनाएं पाई जाती हैं।

इस माला में सारे ग्रहों के रत्नों को समाहित किया गया है। इस माला को धारण करने से अनेक लाभ हैं, जैसे यश, सम्मान, वैभव, भौतिक समृद्धि में लाभ के अलावा कफ रोग, शीत रोग, ज्वर रोग आदि रोगों में भी लाभ मिलता है।

काले सफेद पत्थर की माला: काले-सफेद पत्थर की माला केतु प्रधान व्यक्तियों के लिए लाभकारी होती है।

मदार और धतूरे की माला: सफेद मदार एवं काले धतूरे की जड़ की माला जादू-टोने व अभिचार कर्मों से रक्षा करती है। इसी तरह शमी की जड़ एवं पुत्र जीव की माला भी होती है जिनका अलग-अलग लाभ मिलता है।

फिरोजा माला: फिरोजा एक प्रकार का रत्न होता है। यदि पति-पत्नी के बीच मनमुटाव अथवा प्रेम-संबंध आदि में परेशानियों से मुक्ति चाहते हैं तो इस माला से जप करना चाहिए, वांछित लाभ होगा।

इस रत्न माला को धारण करने से समाज, घर, परिवार में सभी के साथ प्रेम बना रहता है। इसे धारण करने से नकारात्मक ऊर्जा परिवर्तित होती है जिससे व्यक्ति के जीवन में सुख-सौहार्द बढ़ता है। इस माला को शुक्रवार या बुधवार को धारण कर सकते हैं।

हकीक माला: हकीक अलग-अलग रंगों में पाया जाता है। इसकी माला को रंगों के आधार पर ग्रहों की शांति के लिए भी धारण किया जाता

है। इसे किसी ज्योतिष से पूछकर ही धारण करें। हकीक की माला को धारण करने से मान-सम्मान में वृद्धि होती है, आकर्षण में वृद्धि होती है। इस माला को सोमवार या शुक्रवार के दिन धारण करना चाहिए।

मौली या कलावा

मौली बाँधना वैदिक परंपरा का हिस्सा है। यज्ञ के दौरान इसे बाँधे जाने की परंपरा तो पहले से ही रही है, लेकिन इसको संकल्प सूत्र के साथ ही रक्षा सूत्र के रूप में तब से बाँधा जाने लगा, जबसे असुरों के दानवीर राजा बलि की अमरता के लिए भगवान वामन ने उनकी कलाई पर रक्षा सूत्र बाँधा था।

इसे रक्षाबंधन का भी प्रतीक माना जाता है, जबकि देवी लक्ष्मी ने राजा बलि के हाथों में अपने पति की रक्षा के लिए यह बंधन बाँधा था। मौली को हर हिन्दू बाँधता है। इसे मूलतः रक्षा सूत्र कहते हैं।

मौली का अर्थ,,,,, 'मौली' का शाब्दिक अर्थ है 'सबसे ऊपर'। मौली का तात्पर्य सिर से भी है। मौली को कलाई में बाँधने के कारण इसे कलावा भी कहते हैं। इसका वैदिक नाम उप मणिबंध भी है। मौली के भी प्रकार हैं। शंकर भगवान के सिर पर चन्द्रमा विराजमान है इसीलिए उन्हें चंद्रमौली भी कहा जाता है।

कैसी होती है मौली?

मौली कच्चे धागे (सूत) से बनाई जाती है जिसमें मूलतः 3 रंग के धागे होते हैं-लाल, पीला और हरा, लेकिन कभी-कभी यह 5 धागों की भी बनती है जिसमें नीला और सफेद भी होता है। 3 और 5 का मतलब कभी त्रिदेव के नाम की, तो कभी पंचदेव।

कहाँ-कहाँ बाँधते हैं मौली?

मौली को हाथ की कलाई, गले और कमर में बाँधा जाता है। इसके अलावा मन्नत के लिए किसी देवी-देवता के स्थान पर भी बाँधा जाता है और जब मन्नत पूरी हो जाती है तो इसे खोल दिया जाता है। इसे घर में लाई गई नई वस्तु को भी बाँधा जाता और इसे पशुओं को भी बाँधा जाता है।

मौली बाँधने के नियम, शास्त्रों के अनुसार पुरुषों एवं अविवाहित कन्याओं को दाएँ हाथ में कलावा बाँधना चाहिए। विवाहित स्त्रियों के लिए बाएँ हाथ में कलावा बाँधने का नियम है। कलावा बंधवाते समय जिस हाथ में कलावा बंधवा रहे हों, उसकी मुट्ठी बंधी होनी चाहिए और दूसरा हाथ सिर पर होना चाहिए। मौली कहीं पर भी बाँधें, एक बात का हमेशा ध्यान रहे कि इस सूत्र को केवल 3 बार ही लपेटना चाहिए व इसके बाँधने में वैदिक विधि का प्रयोग करना चाहिए।

कब बाँधी जाती है मौली?

पर्व-त्यौहार के अलावा किसी अन्य दिन कलावा बाँधने के लिए मंगलवार और शनिवार का दिन शुभ माना जाता है। हर मंगलवार और शनिवार को पुरानी मौली को उतारकर नई मौली बाँधना उचित माना गया है। उतारी हुई पुरानी मौली को पीपल के वृक्ष के पास रख दें या किसी बहते हुए जल में बहा दें। प्रतिवर्ष की संक्रांति के दिन, यज्ञ की शुरुआत में, कोई इच्छित कार्य के प्रारंभ में, मांगलिक कार्य, विवाह आदि हिन्दू संस्कारों के दौरान मौली बाँधी जाती है।

क्यों बाँधते हैं मौली?

मौली को धार्मिक आस्था का प्रतीक माना जाता है। किसी अच्छे कार्य की शुरुआत में संकल्प के लिए भी बाँधते हैं। किसी देवी या देवता के मंदिर में मन्नत के लिए भी बाँधते हैं।

मौली बाँधने के 3 कारण हैं—पहला आध्यात्मिक, दूसरा चिकित्सीय और तीसरा मनोवैज्ञानिक। किसी भी शुभ कार्य की शुरुआत करते समय या नई वस्तु खरीदने पर हम उसे मौली बाँधते हैं ताकि वह हमारे जीवन में शुभता प्रदान करे। हिन्दू धर्म में प्रत्येक धार्मिक कर्म यानी पूजा-पाठ, उद्घाटन, यज्ञ, हवन, संस्कार आदि के पूर्व पुरोहितों द्वारा यजमान के दाएँ हाथ में मौली बाँधी जाती है। इसके अलावा पालतू पशुओं में हमारे गाय, बैल और भैंस को भी पड़वा, गोवर्धन और होली के दिन मौली बाँधी जाती है।

मौली करती है रक्षा: मौली को कलाई में बाँधने पर कलावा या उप मणिबंध करते हैं। हाथ के मूल में 3 रेखाएँ होती हैं जिनको मणिबंध कहते

हैं। भाग्य व जीवनरेखा का उद्‌गम स्थल भी मणिबंध ही है। इन तीनों रेखाओं में दैहिक, दैविक व भौतिक जैसे त्रिविध तापों को देने व मुक्त करने की शक्ति रहती है।

इन मणिबंधों के नाम शिव, विष्णु व ब्रह्मा हैं। इसी तरह शक्ति, लक्ष्मी व सरस्वती का भी यहां साक्षात वास रहता है। जब हम कलावा का मंत्र रक्षा हेतु पढ़कर कलाई में बाँधते हैं तो यह तीन धागों का सूत्र त्रिदेवों व त्रिशक्तियों को समर्पित हो जाता है जिससे रक्षा सूत्र धारण करने वाले प्राणी की सब प्रकार से रक्षा होती है। इस रक्षा-सूत्र को संकल्पपूर्वक बाँधने से व्यक्ति पर मारण, मोहन, विद्वेषण, उच्चाटन, भूत-प्रेत और जादू-टोने का असर नहीं होता।

आध्यात्मिक पक्षः शास्त्रों का ऐसा मत है कि मौली बाँधने से त्रिदेव-ब्रह्मा, विष्णु व महेश तथा तीनों देवियों-लक्ष्मी, पार्वती व सरस्वती की कृपा प्राप्त होती है। ब्रह्मा की कृपा से कीर्ति, विष्णु की कृपा से रक्षा तथा शिव की कृपा से दुर्गुणों का नाश होता है। इसी प्रकार लक्ष्मी से धन, दुर्गा से शक्ति एवं सरस्वती की कृपा से बुद्धि प्राप्त होती है। यह मौली किसी देवी या देवता के नाम पर भी बाँधी जाती है जिससे संकटों और विपत्तियों से व्यक्ति की रक्षा होती है। यह मंदिरों में मन्नत के लिए भी बाँधी जाती है। इसमें संकल्प निहित होता है।

मौली बाँधकर किए गए संकल्प का उल्लंघन करना अनुचित और संकट में डालने वाला सिद्ध हो सकता है। यदि आपने किसी देवी या देवता के नाम की यह मौली बाँधी है तो उसकी पवित्रता का ध्यान रखना भी जरूरी हो जाता है। कमर पर बाँधी गई मौली के संबंध में विद्वान लोग कहते हैं कि इससे सूक्ष्म शरीर स्थिर रहता है और कोई दूसरी बुरी आत्मा आपके शरीर में प्रवेश नहीं कर सकती है। बच्चों को अक्सर कमर में मौली बाँधी जाती है। यह काला धागा भी होता है। इससे पेट में किसी भी प्रकार के रोग नहीं होते।

चिकित्सीय पक्षः प्राचीनकाल से ही कलाई, पैर, कमर और गले में भी मौली बाँधे जाने की परंपरा के चिकित्सीय लाभ भी हैं। शरीर विज्ञान के अनुसार इससे त्रिदोष अर्थात वात, पित्त और कफ का संतुलन बना रहता है।

पुराने वैद्य और घर-परिवार के बुजुर्ग लोग हाथ, कमर, गले व पैर के अंगूठे में मौली का उपयोग करते थे, जो शरीर के लिए लाभकारी था। ब्लड प्रेशर, हार्टअटैक, डायबिटीज और लकवा जैसे रोगों से बचाव के लिए मौली बाँधना हितकर बताया गया है।

हाथ में बाँधे जाने का लाभः शरीर की संरचना का प्रमुख नियंत्रण हाथ की कलाई में होता है अतः यहां मौली बाँधने से व्यक्ति स्वस्थ रहता है। उसकी ऊर्जा का ज्यादा क्षय नहीं होता है। शरीर विज्ञान के अनुसार शरीर के कई प्रमुख अंगों तक पहुँचने वाली नसें कलाई से होकर गुजरती हैं। कलाई पर कलावा बाँधने से इन नसों की क्रिया नियंत्रित रहती है।

कमर पर बाँधी गई मौली के संबंध में विद्वान लोग कहते हैं कि इससे सूक्ष्म शरीर स्थिर रहता है और कोई दूसरी बुरी आत्मा आपके शरीर में प्रवेश नहीं कर सकती है। बच्चों को अक्सर कमर में मौली बाँधी जाती है। यह काला धागा भी होता है। इससे पेट में किसी भी प्रकार के रोग नहीं होते।

मनोवैज्ञानिक लाभः मौली बाँधने से उसके पवित्र और शक्तिशाली बंधन होने का अहसास होता रहता है और इससे मन में शांति और पवित्रता बनी रहती है। व्यक्ति के मन और मस्तिष्क में बुरे विचार नहीं आते और वह गलत रास्तों पर नहीं भटकता है। कई मौकों पर इससे व्यक्ति गलत कार्य करने से बच जाता है।

जनेऊ

जनेऊ को उपवीत, यज्ञसूत्र, व्रतबन्ध, बलबन्ध, मोनीबन्ध और ब्रह्मसूत्र के नाम से भी जाना जाता है।

हिन्दू धर्म के 24 संस्कारों में से एक 'उपनयन संस्कार' के अंतर्गत ही जनेऊ पहनी जाती है, जिसे 'यज्ञोपवीत' धारण करने वाले व्यक्ति को सभी नियमों का पालन करना अनिवार्य होता है। उपनयन का शाब्दिक अर्थ है,

"सन्निकट ले जाना" और उपनयन संस्कार का अर्थ है-"ब्रह्म (ईश्वर) और ज्ञान के पास ले जाना" हिन्दू धर्म में प्रत्येक हिन्दू का कर्तव्य है जनेऊ पहनना और उसके नियमों का पालन करना। हर हिन्दू जनेऊ पहन सकता है

बशर्ते कि वह उसके नियमों का पालन करे। ब्राह्मण ही नहीं समाज का हर वर्ग जनेऊ धारण कर सकता है। जनेऊ धारण करने के बाद ही द्विज बालक को यज्ञ तथा स्वाध्याय करने का अधिकार प्राप्त होता है। द्विज का अर्थ होता है दूसरा जन्म। मतलब सीधा है जनेऊ संस्कार के बाद ही शिक्षा का अधिकार मिलता था और जो शिक्षा नही ग्रहण करता था उसे शूद्र की श्रेणी में रखा जाता था (वर्ण व्यवस्था)।

जिस लड़की को आजीवन ब्रह्मचर्य का पालन करना हो, वह जनेऊ धारण कर सकती है। ब्रह्मचारी तीन और विवाहित छह धागों की जनेऊ पहनता है। यज्ञोपवीत के छह धागों में से तीन धागे स्वयं के और तीन धागे पत्नी के बतलाए गए हैं।

जनेऊ का आध्यात्मिक महत्व

जनेऊ में तीन-सूत्र: त्रिमूर्ति ब्रह्मा, विष्णु और महेश के प्रतीक-देवऋण, पितृऋण और ऋषिऋण के प्रतीक-सत्व, रज और तम के प्रतीक होते है। साथ ही ये तीन सूत्र गायत्री मंत्र के तीन चरणों के प्रतीक है तो तीन आश्रमों के प्रतीक भी। जनेऊ के एक-एक तार में तीन-तीन तार होते हैं। अतः कुल तारों की संख्या नौ होती है। इनमें एक मुख, दो नासिका, दो आँख, दो कान, मल और मूत्र के दो द्वारा मिलाकर कुल नौ होते हैं। इनका मतलब है–हम मुख से अच्छा बोले और खाएँ, आँखों से अच्छा देंखे और कानों से अच्छा सुने। जनेऊ में पाँच गांठ लगाई जाती है, इसे प्रवर कहते है जो ब्रह्म, धर्म, अर्थ, काम और मोक्ष का प्रतीक है। ये पाँच यज्ञों, पाँच ज्ञानेद्रियों और पंच कर्मों के भी प्रतीक है। प्रवर की संख्या १, ३ और ५ होती है।

लंबाई: जनेऊ की लंबाई 96 अंगुल होती है क्योंकि जनेऊ धारण करने वाले को 64 कलाओं और 32 विद्याओं को सीखने का प्रयास करना चाहिए। 32 विद्याएँ चार वेद, चार उपवेद, छह अंग, छह दर्शन, तीन सूत्रग्रंथ, नौ अरण्यक मिलाकर होती है। 64 कलाओं में वास्तु निर्माण, व्यंजन कला, चित्रकारी, साहित्य कला, दस्तकारी, भाषा, यंत्र निर्माण, सिलाई, कढ़ाई, बुनाई, दस्तकारी, आभूषण निर्माण, कृषि ज्ञान आदि आती हैं।

जनेऊ के लाभः

प्रत्यक्ष लाभ, जो आज के लोग समझते हैं–

जनेऊ में नियम है कि जनेऊ बाएँ कंधे से दाये कमर पर पहनना चाहिए। मल-मूत्र विसर्जन के दौरान जनेऊ को दाहिने कान पर चढ़ा लेना चाहिए और हाथ स्वच्छ करके ही उतारना चाहिए। इसका मूल भाव यह है कि जनेऊ कमर से ऊँचा हो जाए और अपवित्र न हो। यह बेहद जरूरी होता है।

मतलब साफ है कि जनेऊ पहनने वाला व्यक्ति ये ध्यान रखता है कि मलमूत्र करने के बाद खुद को साफ करना है इससे उसको इंफेक्शन का खतरा कम से कम हो जाता है।

अप्रत्यक्ष लाभ, जिसे कम लोग जानते हैं–

शरीर में कुल 365 एनर्जी पॉइंट होते हैं। अलग-अलग बीमारी में अलग-अलग पॉइंट असर करते हैं। कुछ पॉइंट कॉमन भी होते हैं। एक्युप्रेशर में हर पॉइंट को दो-तीन मिनट दबाना होता है। और जनेऊ से हम यही काम करते है उस पॉइंट को हम एक्युप्रेश करते हैं।

इसके अलावा इसके कुछ अन्य लाभ, जो क्लीनिकली प्रमाणित हैं–

1. बार-बार बुरे स्वप्न आने की स्थिति में जनेऊ धारण करने से ऐसे स्वप्न नहीं आते।
2. जनेऊ के हृदय के पास से गुजरने से यह हृदय रोग की संभावना को कम करता है, क्योंकि इससे रक्त संचार सुचारू रूप से संचालित होने लगता है।
3. जनेऊ पहनने वाला व्यक्ति सफाई नियमों में बंधा होता है। यह सफाई उसे दांत, मुँह, पेट, कृमि, जीवाणुओं के रोगों से बचाती है।
4. जनेऊ को दायें कान पर धारण करने से कान की वह नस दबती है, जिससे मस्तिष्क की कोई सोई हुई तंद्रा कार्य करती है।
5. दाएँ कान की नस अंडकोष और गुप्तेन्द्रियों से जुड़ी होती है। मूत्र विसर्जन के समय दाएँ कान पर जनेऊ लपेटने से शुक्राणुओं की रक्षा होती है।

6. कान में जनेऊ लपेटने से मनुष्य में सूर्य नाड़ी का जागरण होता है।
7. कान पर जनेऊ लपेटने से पेट संबंधी रोग एवं रक्तचाप की समस्या से भी बचाव होता है।

जनेऊ संस्कार का महत्व

यह अति आवश्यक है कि हर परिवार धार्मिक संस्कारों को महत्व देवें, घर में बड़े बुजर्गों का आदर व आज्ञा का पालन हो, अभिभावक बच्चों के प्रति अपने दायित्वों का निर्वाह समय पर करते रहे। धर्मानुसार आचरण करने से सदाचार, सद्बुद्धि, नीति-मर्यादा, सही-गलत का ज्ञान प्राप्त होता है और घर में सुख शांति कायम रहती है। यह नियम ऊँची जातियों में होता हैं।

1. जनेऊ यानि दूसरा जन्म (पहले माता के गर्भ से दूसरा धर्म में प्रवेश से) माना गया है।
2. उपनयन यानी ज्ञान के नेत्रों का प्राप्त होना, यज्ञोपवीत याने यज्ञ-हवन करने का अधिकार प्राप्त होना।
3. जनेऊ धारण करने से पूर्व जन्मों के बुरे कर्म नष्ट हो जाते हैं।
4. जनेऊ धारण करने से आयु, बल, और बुद्धि में वृद्धि होती है।
5. जनेऊ धारण करने से शुद्ध चरित्र और जप, तप, व्रत की प्रेरणा मिलती है।
6. जनेऊ से नैतिकता एवं मानवता के पुण्य कर्तव्यों को पूर्ण करने का आत्म बल मिलता है।
7. जनेऊ के तीन धागे माता-पिता की सेवा और गुरु भक्ति का कर्तव्य बोध कराते हैं।
8. यज्ञोपवीत संस्कार बिना विद्या प्राप्ति, पाठ, पूजा अथवा व्यापार करना सभी निर्थरक है।
9. जनेऊ के तीन धागों में 9 लड़ होती है, फलस्वरूप जनेऊ पहनने से 9 ग्रह प्रसन्न रहते हैं।

10. शास्त्रों के अनुसार ब्राह्मण बालक 09 वर्ष, क्षत्रिय 11 वर्ष और वैश्य के बालक का 13 वर्ष के पूर्व संस्कार होना चाहिये और किसी भी परिस्थिति में विवाह योग्य आयु के पूर्व अवश्य हो जाना चाहिये।

कड़ा

शास्त्रों में धातुओं से बना हुआ कड़ा पहनने से विभिन्न तरह के लाभ बताए गए है। कई धर्मों में कड़ा पहनने का बहुत महत्व है। आपने देखा होगा कि सिख धर्म में लगभग सभी कड़ा पहने होते हैं, ऐसे ही सनातन धर्म में भी लोग ज्योतिष की सलाह पर कड़ा धारण करते हैं। कई प्राचीन धार्मिक ग्रंथों में धातुओं के आभूषणों को पहनने का महत्व बताया गया है और इनमें सबसे अधिक ग्रहों को अपने अनुकूल बनाने तथा मन को शांत रखने के लिए कड़े के महत्व को प्रतिपादित किया गया है।

तांबे का कड़ा–

हाथ में तांबे का कड़ा पहनने से मन शांत रहता है। तांबे का कड़ा पहनने से सूर्य और मंगल ग्रह मजबूत होते हैं। जो लोग तांबे का कड़ा हाथ में पहनते हैं, उनका प्रत्येक काम सफल होता है।

चाँदी का कड़ा–

चाँदी का कड़ा पहनने से चंद्रमा और शुक्र दोनों मजबूत होते हैं। इनके मजबूत होने से व्यक्ति के जीवन में सुख-समृद्धि का आगमन होता है। चाँदी शरीर के जल तत्व और कफ को नियंत्रित करती है। साथ ही चाँदी का कड़ा किसी भी राशि को हानि नहीं पहुँचाता क्योंकि चाँदी हमेशा ठंडक ही प्रदान करती है।

ज्योतिष शास्त्र में कहते हैं कि जो व्यक्ति अपने हाथों में चाँदी का कड़ा पहनते हैं उन पर लक्ष्मी माता की बहुत कृपा होती है उन्हें धन की कभी भी कोई कमी नहीं होती। चाँदी का कड़ा सिर्फ धार्मिक ही नहीं कड़ा पहनने के रिवाज के पीछे वैज्ञानिक कारण भी है। चाँदी में जीवाणुनाशक गुण पाए जाते है जो सेहत के लिए काफी लाभदायक होता हैं। चाँदी की न सिर्फ एक कीमती धातु है, बल्कि ये एक तरह का प्रभावी विष परीक्षण उपकरण भी है।

कहा जाता है "चाँदी पहनना सेहत और आर्थिक तौर पर फायदेमंद है", क्योंकि चाँदी मानव शरीर से उत्सर्जित विष को अवशोषित कर सकती है, इसलिए हाथों में चाँदी का कड़ा पहनना फायदेमंद होता है। चाँदी के गहने पहनने से बुरी यानी नकारात्मक शक्तियों कम हो जाती है, इसलए पुराने समय से चाँदी के गहने पहनने का रिवाज चला आ रहा है।

शनिवार के दिन अपने सीधे हाथ में चाँदी का कड़ा पहनने से व्यक्ति को मानसिक तनाव कभी नहीं होता है और उसके ऊपर जितने भी ग्रह दोष होते हैं सब समाप्त हो जाते हैं।

सोने का कड़ा–

सोने का कड़ा पहनने से सूर्य मजबूत होता है। सूर्य उच्च पदों पर स्थापित करने वाला ग्रह है। सोने का कड़ा पहनने से स्वास्थ्य अच्छा रहता है। सोने का कड़ा पहनने से समाज में व्यक्ति के मान–सम्मान में वृद्धि होती है।

पारद का कड़ा–

पारद एक जीवंत धातु है, जो व्यक्ति मौसम संबंधी बीमारियों से ग्रसित रहता है। उनकी शारीरिक कमजोरी बढ़ जाती है। इन सभी बीमारियों से बचने के लिए हाथ में पारद धातु का कड़ा पहनने से लाभ होता है। इस कड़े को पहनने से जादू–टोने का डर खत्म हो जाता है। साथ ही ब्लड सर्कुलेशन भी ठीक रहता है। पारद एक जीवंत धातु है और पारद धातु का कड़ा हाथ में धारण करने से कई तरह की बीमारियों / परेशानियो से रक्षा होती है। जो व्यक्ति मौसम संबंधी बीमारियों के शिकार जल्दी होते हैं। जिससे शारीरिक कमजोरी बढ़ जाती है। इन सभी बीमारियों से बचने के लिए हाथ में पारद धातु कड़ा पहनने से लाभ होते है।

जिन व्यक्तिओं पर नकारात्मक शक्तियों का प्रभाव जल्दी होते है उन्हें भी पारद धातु कड़ा पहनने से लाभ होते है। क्योंकि पारद धातु को भगवान शिव का स्वरूप माना गया है।

जिन व्यक्तिओं के कमर, हाथ-पैरों, पेट में दर्द रहता है, वे हाथ में पारद धातु कड़ा धारण करें, क्योंकि पारद धातु मे स्पंदन होता है जो खून का सर्कुलेशन नियंत्रण रखता है।

पारद धातु का शरीर पर स्पर्श व्यक्ति में जलन, निंदा, मोह, अहंकार, हिंसा विक्षिप्तता आदि अनेक आंतरिक दोषों को कम करके मानसिक पीड़ा भी दूर करती है। व्यक्ति में आलस्य भी दूर होता है।

पीतल और तांबे का कड़ा–

पीतल और तांबा मिश्रित धातु का कड़ा पहनने से सभी तरह के भूत-प्रेत आदि नकारात्मक शक्तियों से व्यक्ति की रक्षा होती है। व्यक्ति को नजर दोष कभी नहीं लगता।

अष्टधातु का कड़ा–

अष्ट का अर्थ है आठ अतः अष्ट धातु में आठ धातुओ को मिलाया जाता है। ये सभी आठ धातु अपना अपना महत्व रखती है और इनके मिश्रण से जो अष्ट धातु बनती है उसमें इन सभी का गुण पाया जाता है। प्राचीनकाल से ही इस मिश्र धातु का प्रयोग ऋषि मुनियों के समय से किया जा रहा है। अष्ट धातु का ज्योतिष और धार्मिक रूप से अत्यंत महत्व और शुभ मानी जाती है और इसके कई फायदे है।

सोना, चाँदी, तांबा, रांगा, जस्ता, सीसा, लोहा, तथा पारा (पारद) ये आठ धातुओ को मिलाकर बनाया जाता है। अष्ट धातु से निर्मित कड़ा या अंगूठी पहनने से मन शांत और चिंता मुक्त होता है। मानसिक तनाव दूर होते है और स्वास्थ्य पर अच्छा प्रभाव बना रहता है। यह वात कफ आदि बीमारियों को दूर करता है। यह धातु दिमाग पर भी असर डालती है और व्यक्ति तुरंत निर्णय लेने में सक्षम हो जाता है।

व्यापार में फायदा और शुभ हो इसके लिए भी इस धातु से निर्मित अंगूठी धारण की जाती है।

लोहे का कड़ा बिल्कुल ना पहने–

लोहे का कड़ा बिल्कुल नहीं पहनना चाहिए। कई अनपढ़ ज्योतिष शनि की महादशा या साढ़ेसाती होने पर लोहे का कड़ा पहनने की सलाह दे देते हैं। यदि व्यक्ति लोहे का कड़ा पहनता है तो दोष और बढ़ जाता है तथा वह बर्बाद हो सकता है।

सिर का पहनावा: सिर के पहनावे को कपालिका, शिरस्त्राण, शिरावस्त्र या शिरोवेष कहते हैं। यह कपालिका कई प्रकार की होती है। प्रत्येक प्रांत में यह अलग-अलग किस्म, नाम, रंग और रूप में होती है। राजा-महाराजाओं के तो एक से एक स्टाइल के टोप, पगड़ी या मुकुट हुआ करते थे लेकिन हम सामान्यजनों द्वारा पहने जाने वाले कपालिका के बारे में ही बात करेंगे। यहां ध्यान रखने वाली बात यह है कि टोपी और पगड़ी में फर्क होता है।

साफा: यदि हम साफे की बात करें तो मालवा में अलग प्रकार का और राजस्थान में अलग प्रकार का साफा बाँधा जाता है। इसे पगड़ी या फेटा भी कहते हैं। महाराष्ट्र, पंजाब, हरियाणा, गुजरात में यह अलग होता है, तो तमिलनाडु में अलग। प्राचीनकाल और मध्यकाल में लगभग सभी भारतीय यह पहनते थे। राजस्थान में भी मारवाड़ी साफा अलग तो सामान्य राजस्थानी साफा अलग होता है। मुगलों ने अफगानी, पठानी और पंजाबी साफे को अपनाया। सिखों ने इन्हीं साफे को जड्डे में बदल दिया, जो कि उन्हें एक अलग ही पहचान देता है। राजस्थान में राजपूत समाज में साफों के अलग-अलग रंगों व बाँधने की अलग-अलग शैली का इस्तेमाल समय-समय के अनुसार होता है, जैसे युद्ध के समय राजपूत सैनिक केसरिया साफा पहनते थे अतः केसरिया रंग का साफा युद्ध और शौर्य का प्रतीक बना। आम दिनों में राजपूत बुजुर्ग खाकी रंग का गोल साफा सिर पर बाँधते थे तो विभिन्न समारोहों में पचरंगा, चुनड़ी, लहरिया आदि रंग-बिरंगे साफों का उपयोग होता था। सफेद रंग का साफा शोक का पर्याय माना जाता है इसलिए राजपूत समाज में सिर्फ शोकग्रस्त व्यक्ति ही सफेद साफा पहनता है।

मांगलिक और धार्मिक कार्यों में साफा: आज भी मांगलिक या धार्मिक कार्यों में साफा पहने जाने का प्रचलन जिससे कि किसी भी प्रकार

के रस्मोरिवाज में एक सम्मान, संस्कृति और आध्यात्मिकता की पहचान होती है।

इसके और भी कई महत्व हैं। विवाह में घराती और बाराती पक्ष के सभी लोग यदि साफा पहनते हैं तो विवाह समारोह में चार चांद लग जाते हैं। इससे समारोह में उनकी एक अलग ही पहचान निर्मित होती है।

टोपी: टोपी सिर का एक ऐसा पहनावा है, जो कि अधिकतर भारतीय हमेशा पहने रखते हैं। जिस गांधी टोपी को गांधी टोपी कहा जाता है, गांधीजी ने उसे कभी नहीं पहना होगा। दरअसल, यह महाराष्ट्र के गाँवों में पहनी जाने वाली टोपी है। इसी तरह हिमाचली टोपी, नेपाली टोपी, तमिल टोपी, मणिपुरी टोपी, पठानी टोपी, हैदराबादी टोपी आदि अनेक प्रकार की टोपियां होती हैं।

कुर्ता एवं पायजामा: भारतीय सनातन संस्कृति का विशेष वस्त्र है कुर्ता एवं पजामा (पायजामा)। यह प्रत्येक प्रांत में अलग-अलग शैली में पहना जाता है। कुर्ते को अफगानिस्तान में पैरहन, कश्मीर में फिरान और नेपाल में दौरा के नाम से जाना जाता है। राजस्थानी, भोपाली, लखनवी, मुल्तानी, पठानी, पंजाबी, बंगाली, हर कुर्ते की डिजाइन अलग होती है।

कुर्ता और पायजामा पहनने से शरीर के चारों ओर दीर्घ वृत्ताकार (दीप की ज्योति समान) कवच निर्मित होता है। इसे पहनने से व्यक्ति आरामदायक अनुभव (कंफर्ट फिल) करता है। सेहत, शांति और मन की प्रसन्नता के लिए यह सबसे उत्तम वस्त्र है। कुर्ते सूती, ऊनी और रेशमी सभी तरह के सामग्रियों में मिलते हैं। कुर्ते के कई परिवर्धित रूप हैं जिनमें शेरवानी, पठानी सूट इत्यादि प्रचलित हैं।

धोती: प्राचीनकाल से ही भारत में पुरुषों द्वारा साधारणत: धोती, अंतरिय (शरीर के निचले हिस्से में लपेटा हुआ वस्त्र), उतरिय (शरीर के ऊपरी हिस्से में लपेटा हुआ वस्त्र), कमरबंध (जैसा कि नाम से जाहिर है कमर से बाँधा हुआ) और पगड़ी पहने जाते थे। अंतरिय कमर पर कायाबंध द्वारा टिकाया जाता था, जो कि अक्सर सामने से कमर के मध्य भाग में बाँधा जाता था। महिलाएँ धोती, साड़ी, स्तनपट्टा (स्तनों को संभाले रखने के लिए) पहनती थीं। उपरोक्त वस्त्रों की खासियत यह थी कि ये सिले हुए नहीं होते

थे, लेकिन बाद में इन वस्त्रों को पहनने के तरीके में काफी बदलाव आए। सबसे पहले धोती के ऊपर के वस्त्र में बदलाव आया। उतरिय वस्त्र की जगह कुर्ता पहने का प्रचलन हुआ।

पहले पायजामे की जगह धोती पहनने का प्रचलन था। पुरुषों के लिए धोती एक ऐसा परिधान था, जो उत्तर और दक्षिण भारत में एकसाथ प्रचलित था। धोती को पहनने की स्टाइल अलग-अलग थी। दक्षिण भारत में तो आज भी अधिकतर लोग धोती ही पहनते हैं।

पायजामे की अपेक्षा रेशमी धोती अधिक सात्विक मानी गई है। उसे धारण करने से जीव की देह के सर्व ओर सूक्ष्म गोलाकार कवच निर्मित होता है। इससे जीव के लिए देवता के तारक मारक एवं सगुण-निर्गुण दोनों तत्व ग्रहण करना सुलभ हो जाता है। उत्तर भारत में धोती को अब विशेष अवसरों पर ही पहना जाता है, जैसे किसी यज्ञ, पूजा या मांगलिक कार्य में। पहले धोती का रंग सिर्फ सफेद ही होता था लेकिन अब अच्छे से कास्तकारी की गई रंगीन धोती भी प्रचलन में है। त्योहार, यज्ञ, उपनयन, विवाह, वास्तु शांति जैसी धार्मिक विधि के समय इसे पहना जाता है, हालांकि आजकल यह प्रचलन से बाहर है।

दक्षिण भारत में पहने जाने वाली पोशाकें सूती वस्त्र से बनाई जाती हैं, जो काफी हल्की होती हैं। पुरुष लुंगी और कमीज के साथ अंगवस्त्र (कंधे पर रखा जाने वाला कपड़ा) को लेते हैं।

लाठी

लाठी में हैं गुण बहुत, सदा रखिये संग।
हर नदी, नाली जहाँ, तहाँ बचावै अंग॥
तहाँ बचावै अंग, झपटि कुत्ता कहँ मारे।
दुश्मन दावागीर होय, तिनहूँ को झारै॥
कह गिरिधर कविराय, सुनो हे दूर के बाठी।
सब हथियार छाँडि, हाथ महँ लीजै लाठी॥

रामायण काल में महाभारत काल में पौराणिक काल में डंडा लाठी भाला का उल्लेख मिलता है गांधी जी सदा अपने साथ लाठी रखते थे। अस्त्रों के बिना शांति की कल्पना आप शांति काल में भी नहीं कर सकते थे। चूड़ी वाली लाठी, भोपाली लाठी, कलिंजर लाठी, महोबिया लाठी, बावनी लाठी भोपाल मंडला कालिंजर में इसका बांस पहले बहुत होता था। जिससे लाठी बनती थी प्रतिदिन लाठी रखने वाले 50 से 100 ग्राम तेल पिलाते हैं। लाठी का वजन 500 ग्राम से ढाई किलो तक का होता है। कई जगह लाठियों का मेला लगता है, लाठी को बनाना काटना पकाना, कड़ा लगाना, मजबूत बॉस से लाठी बनना एक कला है, जो योग्य कारीगर कर सकता है। बस से बर्तन बनते, बांस से कुर्सी बनती है, अलमारी बनती है बेड बनते हैं गरीब की झोपड़ी बनती है, बांस के वृक्ष की आवश्यकता न्यायालय में भी पढ़ती है। कानून व्यवस्था को सुधारने के लिए पिछले कई वर्षों में देश के विभिन्न राज्यों में कई करोड़ रुपए के डंडे खरीदे गए वर्तमान में बांस न मिलने के कारण प्लास्टिक के डंडे खरीदे जा रहे हैं। चारपाईया लोहे की आ गई है। कुर्सी प्लास्टिक की हो गई है क्योंकि हम बांस को नहीं बचा पा रहे यदि हमने लगातार बांस के वृक्ष की उपेक्षा की तो 1 दिन ऐसा आएगा जब बस केवल कागज के पन्ने में पढ़ा जाएगा। आने वाली पीढ़ी बांस देखने को तरस जाएगी आज भी अच्छी क्वालिटी का देसी बॉस जिसे वंश कहते हैं, शायद ही किसी गाँव में लगा हो। बांस की कलम बांस के कागज से हमारी पीढ़ी ने पढ़ा हम उसे भूल रहे हैं।

हमारे देश में बांबू बांस को अनेक नामों से पुकारा जाता है जैसे–

वंश, बॉस, बेठू, प्रकृति ने हमारे देश को बांस के रूप में एक ऐसी वनस्पति प्रदान की है जो आदि अनंत काल से हमारी सभ्यता का अभिन्न अंग है, अंतिम आदमी से जुडी है यह ऐसा संसाधन है जो कृषि ग्रामीण व्यवस्था में महत्वपूर्ण योगदान देता है। रोजगार स्वरोजगार निर्माण करता है, और पोषण मूल्य होने के कारण कुपोषण और रक्त हीनता को दूर करता है। इस पेड़ से भवन निर्माण, फर्नीचर निर्माण, हस्तकला के कारीगरों को रोजगार मिलता है इस वृक्ष की ग्रामोदय, सर्वोदय, अंत्योदय की भूमिका है। मानव के मकान घर,

सामान, साज, सज्जा, उपकरण में बांस वृक्ष का बहुत बड़ा योगदान है प्रकृति का हरा सोना है। देश विदेश में इस वृक्ष तथा इस वृक्ष के शिल्पकारों की आवश्यकता है और रहेगी। दिव्यांग की बैसाखी, वृद्ध की लाठी डंडा एक विज्ञान है। ज्योतिष शास्त्र नेत्र विज्ञान के अनुसार बांस वृक्ष के दर्शन हर समय ऑफिस में, घर में करते रहना चाहिए।

खड़ाऊ

भारत में पादुका या खड़ाऊ का चलन बहुत पहले से है। हमारे पूर्वज ऋषि मुनि पैरों में लकड़ी के खड़ाऊ (चप्पल) पहनते थे। रामायण में भी खड़ाऊ का वर्णन मिलता है, भरत राम के वनवास गमन से पूर्व उनके खड़ाऊ को सिर पर रखकर अयोध्या लाते है राजसिंहासन पर उसे स्थापित कर राज पाट चलाते है। हगारे ऋषि मुनियों की यह देन खड़ाऊ वैज्ञानिक और धार्मिक कारणों से बहुत उपयोगी है।

वैज्ञानिक पहलु

गुरुत्वाकर्षण और ऊष्मा का जो सिद्धांत वैज्ञानिकों ने जो बताया है उसे हमारे ऋषि मुनि बहुत पहले ही जान चुके थे। सिर पर चोटी रखने के फायदे, जनेऊ पहनने के पीछे लाभ, माथे पर तिलक लगाना, रक्षा सूत्र बाँधना आदि बहुत सारी चीजे हमारे धर्म में प्राचीन काल से आई है जो धार्मिक और वैज्ञानिक दोनों रूप से ही फायदेमंद है।

उस सिद्धांत के अनुसार शरीर में व्याप्त विद्युत तरंगे गुरुत्वाकर्षण के कारण पृथ्वी द्वारा अवशोषित कर ली जाती हैं। यह प्रक्रिया अगर निरंतर चले तो शरीर की जैविक शक्ति क्षीण होने लग जाती है। इस ऊष्मा को अवशोषण से बचाने के लिए हमारे पूर्वजो ने लकड़ी की चरण पादुका (खडाऊ) को पहनने शुरू किया।

सामाजिक पहलू

प्राचीन समय में चमड़े का जूता कई धार्मिक, सामाजिक कारणों से समाज के एक बड़े वर्ग को मान्य न था और कपड़े के जूते का प्रयोग हर कहीं सफल नहीं हो पाया। जबकि लकड़ी के खड़ाऊ पहनने से किसी धर्म

व समाज के लोगों के आपत्ति नहीं थी और वही पहने जाने लगे। कालांतर में यही खड़ाऊ सिर्फ ऋषि-मुनियों के पहनावे से जुड़ गये है।

कुछ विशेष लाभ

खड़ाऊ पहनने से सबसे बड़ा लाभ है की यह शरीर में रक्त संचार को सुचारू रूप से चलाता है। खडाऊ से मानसिक और शारीरिक थकान दूर होती है। यह पैरो की मांसपेशियों को मजबूत बनाता है। खड़ाऊ पहनने से आपकी रीढ़ की हड्डी सीधी रहती है और मजबूत बनती है जिससे स्लीप डिस्क के होने के बहुत कम चांस हो जाते है यह आपके पोस्चर को भी बैलेंस रखता है।

८. नारी वेशभूषा

1) सिंदूर

पारंपरिक महत्व: हिंदू महिलाओं के लिए सिंदूर की कीमत और ताकत हर चीज से परे है। सिंदूर पति की आयु से जुड़ा हुआ होता है। कई जगहों

पर यह माना जाता है कि सिंदूर जितना लंबा होता है, उतनी ही लंबी पति की आयु होती है। इसलिए उत्तराखंड से लेकर पूर्वांचल और बिहार तक तीज-त्यौहारों पर अधिकतर महिलाएँ सिर से मांग भरना शुरू नहीं करती बल्कि, नाक से ही वह सिंदूर लगाना शुरू करती हैं।

वैज्ञानिक महत्व: सिंदूर सीधी मांग में लगाया जाता है यानी सिर के बीचो-बीच जो मांग आती है। माना जाने लगा है कि सिंदूर में कुछ मात्रा में मरक्युरी होता है इससे शरीर में शीतलता आती है। इससे महिलाएँ तनावमुक्त महसूस करती हैं। इसके साथ ही यह यौन क्षमताओं को भी बढ़ाता है। चूंकि यह यौन क्षमताओं को बढ़ावा देता है इसलिए ही सिंदूर को शादी के बाद लगाया जाता है।

2) मांग टीका

पारंपरिक महत्व: मांग टीका सिंदूर पर पड़ने वाली बुरी नजर के लिए पहना जाता है। कई लोग यह भी मानते हैं कि दुल्हन को मांग टीका सीधी मांग में इसलिए पहनाया जाता है ताकि, वह सीधे रास्ते पर चल सके और किसी भी निर्णय को लेते वक्त पक्षपात न करे।

वैज्ञानिक महत्व: मांग टीका भी तापमान को कंट्रोल में रखता है। माथे पर जहाँ मांग टीके को पहना जाता है उसे अजना चक्र कहा जाता है। अजना चक्र को तीसरी आँख चक्र अथवा भृकुटि चक्र भी कहा जाता है। माना जाता है कि इस चक्र से स्पष्ट विचार आते हैं और आत्म चिंतन और आध्यात्मिक जागरूकता मिलती है।

3) बिंदी

पारंपरिक महत्व: संस्कृत भाषा के बिंदु शब्द से बिंदी का नाम लिया गया है। आँखों की भौहों के बीच रंग या कुमकुम से बिंदी लगाई जाती है। बिंदी को भगवान शिव की तीसरी आँख का प्रतीक माना जाता है। बिंदी लगाने को परिवार की समृद्धि से जोड़कर देखा जाता है।

वैज्ञानिक महत्व: बिंदी जहाँ लगाई जाती है उसे भी आज्ञा चक्र कहा जाता है। मांग टीका चूंकि बिंदी से सटाकर लगाया जाता है तो वह भी आज्ञा

चक्र से ही जुड़ा होता है। यह सबसे जरूरी नर्व प्वाइंट माना जाता है। इससे एकाग्रता बढ़ती है और नई ऊर्जा का संचार होता है। कुंडली से ऊर्जा बिंदी लगाने के स्थान तक पहुँचती है। इसलिए इसे कमांड सेंटर कहा जाता है। इससे महिला का मानसिक संतुलन बना रहता है।

4) मंगलसूत्र

पारंपरिक महत्वः सिंदूर और मंगलसूत्र को सुहाग का सबसे महत्वपूर्ण श्रृंगार माना जाता है। मंगल सूत्र को सौभाग्यवती स्त्री की निशानी माना जाता है। सोना शुक्र का धातु होने के कारण महिलाओं को परिवार की तरफ ध्यान देने के लिए भी प्रभावित करता है।

वैज्ञानिक महत्वः मंगलसूत्र में सोना, चाँदी और मोती होता है। मंगलसूत्र से ब्लड प्रशर नियंत्रित रहता है और अच्छा ब्लड सर्क्युलेशन बना रहता है।

5) काजल

पारंपरिक महत्वः काजल हमें बुरी नजर से बचाता है। इससे आँखे बहुत सुंदर लगती हैं। काजल से आँखों का शेप साफ-साफ नजर आता है और आँखें बड़ी और घनी नजर आती हैं।

वैज्ञानिक महत्वः काजल से आँखों में ठंडक पहुँचती है। काजल आँखों को धूल आदि गंदगी से भी बचाता है। इससे आँखों में चमक आती है।

6) कान के झुमके

पारंपरिक महत्वः बड़े-बुजुर्गों की मानें तो बहू को हमेशा कान के झुमके पहनकर रखने चाहिए, ताकि, वह ससुराल वालों की या पति की बुराई न सुने और सिर्फ झुमकों की अच्छी आवाज सुन सके।

वैज्ञानिक महत्वः ईयरिंग से एक्युप्रेशर इफेक्ट होता है। यह एक्युप्रेशर के कई प्वाइंटों में से एक होता है। कान में छेद कर सोना या चाँदी आदि पहनने से महिलाओं का मासिक धर्म नियमित रह सकता है। यदि आपको शरीर की ऊर्जा बढ़ानी है तो सोने के ईयरिंग और कम करनी है तो चाँदी के ईयरिंग पहनने चाहिए। इनके अलावा भी कई तरह की अलग बीमारियों में

अलग तरह के मटीरियल पहनने को कहा जाता है। पुरुषों के शरीर को भी अलग धातु के ईयरिंग प्रभावित करते हैं। यह किडनी और ब्लैडर को भी स्वस्थ रखता है।

7) नथ या लौंग

पारंपरिक महत्वः नथ श्रृंगार का वह आभूषण है जो महिला की खूबसूरती पर चार चांद लगा देता है। ऐसी मान्यता है कि सुहागिन स्त्री के नथ पहनने से पति के स्वास्थ्य और धन-धान्य में वृद्धि होती है। उत्तर भारत की बात की जाए तो यहां की स्त्रियां नाक की बाई ओर लौंग पहनती हैं लेकिन, दक्षिण और पूर्व भारत में कई औरतें दोनों तरफ लौंग पहनती हैं। कुछ महिलाएँ नाक के बीच में भी नथ पहनती हैं। इसे बुलाक कहा जाता है।

वैज्ञानिक महत्वः नाक की लौंग श्वास संबंधी बीमारियों से बचाए रखने में सहायक होती है। लौंग से सांस भी नियंत्रित रहती है।

8) चूड़ियाँ

पारंपरिक महत्वः कंगन या चूड़ियों के बिना कलाई सुनी सी लगती है। सुहागिनों के लिए चूड़ियाँ भी सुहाग की निशानी मानी जाती हैं।

वैज्ञानिक महत्वः माना जाता है कि सोने या चाँदी के कड़े या चूड़ियाँ हाथों को और हड्डियों को मजबूती देते हैं। आयुर्वेद के अनुसार जब सोना या चाँदी शरीर के संपर्क में आता है तो सोने चाँदी के कुछ तत्व शरीर में भी आ जाते हैं। वहीं कांच की चूड़ियों के बारे में कहा जाता है कि कांच में सात्विक और चैंतन्य अंश होते हैं। इस कारण चूड़ियों के टकराने से जो आवाज होती है वह आसपास की नेगेटिविटी को दूर भागती है।

9) अंगूठी

पारंपरिक महत्वः विवाह से पहले सगाई में दुल्हा-दुल्हन एक-दूसरे को अंगूठी पहनाते हैं। यह एक प्राचीन परंपरा है। श्री राम और सीता से लेकर दुष्यंत और शकुंतला तक के जीवनकाल में अंगूठी को दर्शाया गया है।

वैज्ञानिक महत्वः अंगूठी पहने से मानसिक तनाव कम होता है। रिंग फिंगर से जो नसें जुड़ी होती हैं वह मस्तिष्क को प्रभावित करतीं हैं। लगातार

किसी मेटल के संपर्क में होने के कारण यह व्यक्ति की सेहत पर अच्छा असर डालती हैं।

10) बाजूबंद

पारंपरिक महत्वः सोलह श्रृंगार में बाजूबंद भी आता है लेकिन, इसे कई लोग पहनना पसंद नहीं करते हैं या इसे महत्वूपर्ण नहीं मानते हैं। ज्यादातर बाजूबंद राजस्थानी और दक्षिण भारत की दुल्हन ही पहनती हैं।

वैज्ञानिक महत्वः बाजूबंद से ब्लड सर्क्युलेशन अच्छा होता है।

11) कमरबंद या तगड़ी

पारंपरिक महत्वः पहले के जमाने में विवाहित स्त्रियों को कमरबंद पहनना ही होता था लेकिन, आजकल यह शादी–समारोह तक सिमट कर रह गया है। तगड़ी बाँधने से खूबसूरती में इजाफा होने के साथ ही साड़ी और पल्ला व्यवस्थित रहता है।

वैज्ञानिक महत्वः कमरबंध के कारण मासिक धर्म नियमित रहते हैं। इसके साथ ही मासिक धर्म के दौरान होने वाले दर्द से भी छुटकारा मिलता है। चाँदी की कमरबंध से कमर व पेट की चर्बी नहीं बढ़ती।

12) मेंहदी

पारंपरिक महत्वः मेंहदी का शौक महिलाओं को बचपन से ही होता है। भारतीय महिलाओं को मेंहदी लगाने का बस एक बहाना ही चाहिए। यह हाथों की खूबसूरती को बढ़ाता है। मेंहदी के बिना हर श्रृंगार अधूरा लगता है।

मेंहदी हाथ और पैर दोनों में लगाई जाती है। माना जाता है कि मेंहदी गाढ़ी रचने का मतलब है कि उस महिला का पति उससे बहुत प्यार करता है।

वैज्ञानिक महत्वः मेंहदी के कई औषधीय गुण हैं। इससे नसों को आराम मिलता है। इसके साथ ही मेंहदी से शरीर को ठंडक पहुँचती है।

13) पायल

पारंपरिक महत्वः घर में बेटी के पैदा होते ही उसे पायल पहना दी जाती है। कारण यह है कि उसकी पायलों की छन–छन से घर की रोनक

बढ़ती है। पायल की आवाज से घर में पॉजिटिव एनर्जी भी आती है। यह भी माना जाता है कि पायल की आवाज का मतलब घर में खुशहाली बरकरार रहना है।

वैज्ञानिक महत्व: घर में पॉजिटिव एनर्जी आती है। पायल पहनने से पीठ, एड़ी, घुटनों के दर्द और हिस्टीरिया रोगों से राहत मिलती है द्य मजबूत हड्डियों के लिए भी पायल फायदेमंद होती है। इससे पैरों की हड्डी को मजबूती मिलती है।

14) बिछिया

पारंपरिक महत्व: पैर के अंगूठे के बाद वाली अंगुली में बिछिया पहनी जाती है। चांदी के छल्ले ही ज्यादातर बिछिया के रूप में पहने जाते हैं। शादी के समय जो बिछिया पहनाई जाती है वह कभी नहीं निकाली जाती।

शादीशुदा महिलाओं के बीच सोलह श्रृंगार का विशेष महत्व होता हैं और इन सोलह श्रृंगारों में 14वें पायदान पर पैर की अंगुलियों में बिछिया पहने का रिवाज है। सामाजिक मान्यताओं के अनुसार शादी के बाद प्रत्येक महिला को बिछिया पहननी चाहिए। इसे पहनना शुभ माना जाता है।

वैज्ञानिक महत्व: बिछिया से रक्त-प्रवाह ठीक रहता है। पैर की जिस अंगुली में बिछिया पहनी जाती है उसका कनेक्शन गर्भाशय और दिल से होता है। माना जाता है कि बिछिया पहनने से महिला को गर्भधारण करने में आसानी होती है। इससे भी मासिक धर्म नियमित रहता है।

आयुर्वेद में बिछिया के इस महत्व को समझा गया है और यही वजह है कि हमारी संस्कृति में विवाहित महिलाओं के लिए इसे पहनने का विधान है। आयुर्वेद में इसे मर्म चिकित्सा के अंतर्गत बताया गया है

आमतौर पर बिछिया चांदी की होती है महिलाओं का बिछिया पहनना केवल यह प्रतीक नहीं है कि वह विवाहित हैं, बल्कि इसके पीछे वैज्ञानिक कारण भी है। आइए जानते हैं वे सभी कारण जिनके कारण महिलाओं का बिछिया पहनना अच्छा माना जाता है।

- बिछिया हमेशा दाहिने तथा बाएं पैर की दूसरी अंगुली में ही पहनी जाती है। यह गर्भाशय को नियन्त्रित करेगी और गर्भाशय में सन्तुलित ब्लड प्रेशर द्वारा उसे स्वस्थ रखेगी।
- दरअसल पैरों में बिछिया महिलाओं की प्रजनन क्षमता बढ़ाने में बहुत अहम भूमिका निभाती है।
- आयुर्वेद में बिछिया के इस महत्व को समझा गया है और यही वजह है कि हमारी संस्कृति में विवाहित महिलाओं के लिए इसे पहनने का विधान है। आयुर्वेद में इसे मर्म चिकित्सा के अंतर्गत बताया गया है। आयुर्वेद की मर्म चिकित्सा में महिलाओं में फर्टिलिटी बढ़ाने के लिए बिछिया के महत्व को माना गया है।

  साइटिक नर्व की एक नस को बिछिया दबाती है जिस वजह से आस-पास की दूसरी नसों में रक्त का प्रवाह तेज होता है और यूटेरस, ब्लैडर व आंतों तक रक्त का प्रवाह ठीक होता है।
- भारतीय वेदों के अनुसार ऐसा माना जाता है कि इन्हें दोनों पैरों में पहनने से महिलाओं का मासिक चक्र नियमित होता है।
- बिछिया एक्यूप्रेशर का भी काम करती है, जिससे तलवे से लेकर नाभि तक की सभी नाड़िया और पेशियां व्यवस्थित होती हैं।
- भारतीय महाकाव्य रामायण में बिछिया की महत्वपूर्ण भूमिका है। जब रावण ने सीता का अपहरण कर लिया था तो उन्होंने अपनी बिछिया को भगवान राम की पहचान के लिए फेंक दिया था। यह दर्शाता है कि बिछिया का उपयोग प्राचीन काल से ही होता रहा है।
- चांदी एक अच्छी सुचालक है इसलिए यह पृथ्वी की ध्रुवीय ऊर्जा को ठीक करके शरीर तक पहुंचाती है जिससे पूरा शरीर तरोताजा हो जाता है।
- आजकल फैशन के तौर पर दो या तीन अंगुलियों में भी बिछिया पहनते हैं। दोनों पैरों की दूसरी और तीसरी उंगली में बिछिया पहनने से सिएटिक नस का दबाव बढ़ता है और इस वजह से आसपास की

नसें जो यूटेरस व प्रजनन तंत्र से जुड़ी हैं, इनमें रक्त प्रवाह ठीक रहता है और यूटेरस का संतुलन बना रहता है।

15) गजरा

पारंपरिक महत्वः फूलों के गजरे की भीनी–भीनी खुशबू जीवनसाथी को हमेशा आपसे जोड़े रखती है। दुल्हन के जूड़े में जब तक सुगंधित फूलों का गजरा न लगा हो तब तक उसका श्रृंगार अधूरा ही माना जाता है। दक्षिण भारत गजरे का एक अलग ही महत्व है। यहां महिलाएँ हर रोज बालों में गजरा लगाती हैं।

वैज्ञानिक महत्वः चमेली को फूलों की रानी कहा जाता है। चमेली की खुशबू से आपका पार्टनर अट्रैक्ट होता है। इसके साथ ही गजरे की खुशबू से महिला भी दिनभर फ्रेश महसूस करती है।

16) साड़ी या लहंगा

पारंपरिक महत्वः साड़ी की चर्चा भारतीय महिलाओं में ही नहीं विदेशी महिलाओं में भी रहती है। यह महिलाओं की खूबसूरती को निखारता है। उत्तर भारत से लेकर दक्षिण भारत तक हर जगह साड़ी पहनी जाती है बस इसको पहनने के तरीके और कपड़े में होता है। कहीं चंदेरी तो कहीं सिल्क, कहीं सिल्क तो कहीं कॉटन की साड़ी पहनी जाती है।

वैज्ञानिक महत्वः साड़ी या परिधान को आत्मविश्वास से जोड़कर देखा जाता है। यदि आप खूबसूरत और फिट कपड़े पहनते हैं तो आपका आत्मविश्वास बढ़ता है। आत्मविश्वास बढ़ने के कारण आप और भी खूबसूरत दिखने लगते हैं। मानसिक तौर पर भी आप अच्छा महसूस करते हैं।

९. आदर्श शिक्षा

प्राचीन भारत की शिक्षा व्यवस्था

कॉनवेंट की तरह के रहवासी स्कूल भारत में इसाईयों के आगमन से पहले ही थे जिन्हें गुरुकुल कहते थे। उन का खर्चा राजकीय सहायता, सामाजिक दान, तथा उन की निजि आन्तरिक अर्थ व्यवस्था से चलता था।

गुरुजन विद्वान तथा चरित्रवान होते थे और उन को समाज में सर्वोच्च सम्मान दिया जाता था। पाँच वर्ष की आयु पश्चात बालक-बालिकाओं को गुरुकुल में विद्या ग्रहण के लिये भेजा जाता था। कृष्ण-सुदामा तथा द्रुपद-द्रोणाचार्य का एक ही गुरुकुल में साथ साथ पढ़ना साक्षी हैं कि गुरुकुल का वातावरण

भेद–भाव रहित था। आज की तरह विद्या बिकाऊ वस्तु नहीं थी। उसे गुरु की कृपा और आशीर्वाद समझ कर ही ग्रहण किया जाता था। गुरु शिष्य का सम्बन्ध आज की तरह व्यापारिक सम्बन्ध नहीं थे।

पाठ्यक्रम में आत्म–निर्भरता, आत्म–नियन्त्रण, दक्षता, तथा मितव्यता पर बल दिया जाता था। गुरुकुल के वातावरण में व्यसनों, ऐश्वर्य तथा अकर्मणिता के लिये कोई स्थान नहीं था। स्वस्थ शरीर में स्वच्छ मन को लक्ष्य रख कर योग साधना के प्रथम चार अंगों (यम, नियम, आसन तथा प्राराणायाम) पर विशेष ध्यान दिया था। विद्यार्थियों में उदण्डता का तो कोई प्रश्न ही नहीं था। विद्यार्थियों को राजनीति का ज्ञान दिया जाता था किन्तु उन्हें आज की तरह का विद्यार्थी राजनेता बना कर स्वार्थी और महत्वकाँक्षी नहीं बनाया जाता था।

गुरुकुल में विद्यार्थियों को तथ्यों के साथ साथ प्रत्यक्ष और क्रियात्मक प्रशिक्षण भी दिया जाता था। अस्त्र शस्त्र, सैनिक अभ्यास, तकनीकी शिक्षा तथा व्यवसायिक प्रशिक्षण का भी प्रावधान होता था। शिक्षा के स्तर का आँकलन करने के लिये परीक्षायें भी ली जाती थी।

उच्च शिक्षा

उच्च शिक्षा केवल उन्हीं को दी जाती थी जिन में रुचि, जिज्ञासा तथा परिश्रम करने की क्षमता होती थी। इस में कोई शक नहीं कि शरीर के अतिरिक्त प्रत्येक व्यक्ति अपने माता पिता के संस्कार भी जन्म के अतिरिक्त घर के वातावरण से ग्रहण करता है। यही कारण था कि उच्च शिक्षा का आधार साधारणतया जाति की पहचान के साथ जुड़ा था। आजकल भी उच्च शिक्षा में प्रवेश रुचि के आधार पर ही होता है जिसे एप्टीच्यूड टेस्ट कहते हैं। जिन में रुचि और परिश्रम की क्षमता नहीं होती वह उच्च शिक्षा से आज भी वँचित रहते हैं।

शिक्षा के पश्चात दीक्षान्त समारोह भी होता था। सफल विद्यार्थियों को यज्ञोपवीत पहना कर दीक्षा दी जाती थी कि वह सदैव शिक्षा का समाज हित में सदुपयोग ही करेंगे तथा किसी अयोग्य तथा असामाजिक व्यक्ति को वह शिक्षा नहीं सिखायेंगे। हमारे ग्रंथों में ऐसे कई उदाहरण मिलते हैं जहाँ शिक्षा

का दुरोपयोग करने के कारण गुरु ने शिष्य को शापित करके अथवा अन्य किसी तरह से उसे उच्च शिक्षा के प्रयोगात्मक लाभ से वंचित कर दिया था।

प्राचीन भारत का शिक्षा तन्त्र आजकल की शिक्षा पद्धति की तरह ही उन्नत था किन्तु वह समाज कल्याण के आदर्श पर टिका था। आज का शिक्षा तन्त्र व्यक्तिगत स्वार्थों पर केन्द्रित है। आज के युग में परिशिक्षण संस्थानो का वातावरण हिंसा, उद्दण्डता नशीले पदार्थों का सेवन तथा अय्याशी के प्रसाधनों की वजह से दूषित हो चुका है। यदि उस को सुधारना है तो हमें प्राचीन भारतीय शिक्षण पद्धति के सिद्धान्तों को पुनर्जाग्रत करना होगा।

वैदिक कालीन शिक्षा का अर्थ अत्यधिक व्यापक था। वह शिक्षा जीवन से संबंधित थी और व्यक्ति को सभ्य तथा उन्नत बनाने में सहायक मानी जाती थी। विद्या के अभाव में व्यक्ति केवल पशु मात्र ही रह जाता है। शिक्षा के उद्देश्य और आदर्श महान थे। धार्मिकता के अतिरिक्त चरित्र का निर्माण, व्यक्ति का सर्वांगीण विकास नागरिक और सामाजिक कर्तव्यों पर बल सामाजिक सुख और कौशल की उन्नति तथा राष्ट्रीय संस्कृति का संरक्षण और प्रसार।

समय के साथ-साथ शिक्षा के उद्देश्यों में भी परिवर्तन होता रहा वैदिक काल में जहाँ शिक्षा अध्यात्म, संगीत, वेद उपनिषद, राजनीति, रणकौशल, आदि पर आधारित हुआ करती थी। मध्यकाल में शिक्षा का उद्देश्य धर्म के प्रचार-प्रसार के लिए हो गया। आधुनिक काल में शिक्षा का उद्देश्य पुनः बालक के सर्वांगीण विकास पर आधारित हो गया। इस शिक्षा में बालक के मस्तिष्क के विकास की ही नहीं अपितु उसके शारीरिक विकास पर भी ध्यान दिया जाता है। आधुनिक पाठ्यक्रम में बालक के हर एक रूचि को ध्यान में रखा जाता है अथवा उसके सर्वांगीण विकास पर विशेष बल दिया जाता है।

शिक्षा का उद्देश्य- वैदिक कालीन मध्यकालीन आधुनिक शिक्षा

पंडित जवाहरलाल नेहरू ने अपनी आत्मकथा में एक स्थल पर स्पष्ट रूप से इस तथ्य का उल्लेख किया है कि "भारतीय संस्कृति का उद्देश्य ज्ञान की खोज है इसी दृष्टि से यही प्राचीन भारतीयों ने शिक्षा प्रणाली का विकास किया था। भारतीयों के लिए ज्ञान शब्द का कोई सीमित अर्थ नहीं था। शिक्षा

के द्वारा वे केवल सांसारिक ज्ञान की ही नहीं अपितु परलोक संबंधी ज्ञान को भी प्राप्त करने का प्रयत्न करते थे।"

भारतीय संस्कृति में प्रत्येक व्यक्ति के जीवन में चार लक्ष्य माने गए हैं जिन्हें पुरुषार्थ की संज्ञा दी जाती है–धर्म, अर्थ, काम, मोक्ष। इन चारों में से मोक्ष सबसे अधिक पवित्र एवं महत्वपूर्ण माना जाता है। प्रत्येक व्यक्ति के जीवन का चरम उद्देश्य मोक्ष की प्राप्ति होती है। अतः शिक्षा ही मोक्ष की प्राप्ति का एकमात्र साधन माना गया है।

डॉ राधा मुकुंद मुखर्जी के अनुसार

"प्राचीन काल में शिक्षा मोक्ष प्राप्ति का आत्मज्ञान का साधन थी। इस प्रकार शिक्षा जीवन के चरम उद्देश्य प्राप्त करने के लिए माध्यम मानी जाती थी।"

महात्मा गांधी

"शिक्षा से मेरा तात्पर्य बालक और मनुष्य के शरीर, मन तथा आत्मा के सर्वांगीण एवं सर्वोत्कृष्ट विकास से है।"

स्वामी विवेकानंद

"मनुष्य की अंतर्निहित पूर्णता को अभिव्यक्त करना ही शिक्षा है।"

हरबर्ट स्पेंसर

"शिक्षा का अर्थ अंत शक्तियों का बाह्य जीवन से समन्वय स्थापित करना है।"

राष्ट्रीय शिक्षा आयोग 1964-66

"शिक्षा राष्ट्र के आर्थिक, सामाजिक विकास का शक्तिशाली साधन है। शिक्षा राष्ट्रीय संपन्नता एवं राष्ट्र कल्याण की कुंजी है।"

डॉ. ए एस अल्तेकर के अनुसार

"ईश्वर भक्ति तथा धार्मिकता की भावना चरित्र निर्माण व्यक्ति का विकास नागरिक तथा सामाजिक कर्तव्यों का पालन सामाजिक कुशलता की

उन्नति तथा राष्ट्रीय संस्कृति का संरक्षण और प्रसार प्राचीन भारत में शिक्षा के उद्देश्य एवं आदर्श थे।"

शिक्षा के कुछ महत्वपूर्ण उद्देश्य निम्नलिखित है–

१. ईश्वर भक्ति तथा धार्मिकता Devotion to God And Religiousness–

मनुष्य सामाजिक प्राणी है। समाज में रहते हुए वह अपने जीवन जीने की शैली को किसी भी रूप में अपना सकता है। इसके लिए प्रत्येक मनुष्य को स्वतंत्रता है। वह अपने ईश्वर की आराधना कर सकता है। पूजा पाठ कर सकता है अपने धर्म को अपने अनुसार चुन सकता है। प्रत्येक मानव किसी न किसी धर्म से जुड़ा होता है और उसके प्रति अपनी आस्था व्यक्त करता है।

डॉ. आर के मुखर्जी के अनुसार

"भारत में विद्या तथा ज्ञान की खोज केवल ज्ञान प्राप्ति के लिए ही नहीं अपितु उसका विकास धर्म के एक आवश्यक अंग के रूप में हुआ। वह धर्म के मार्ग पर चलकर मोक्ष प्राप्ति या आत्म ज्ञान का एक क्रमिक प्रयास माने गए अत: इस प्रकार जीवन के चरम उद्देश्य प्राप्ति का माध्यम बन गए यह उद्देश्य था मोक्ष या मुक्ति"।

इस उद्देश्य की पूर्ति के लिए शिक्षा के अंतर्गत शिक्षा के विभिन्न व्रतों का पालन नियमित संध्या एवं धार्मिक उत्सवों का आयोजन किया जाता था। इस समय तक आर्य आर्थिक विचारधारा के थे वे ब्रह्मा की सत्ता में विश्वास करते थे। गुरु अपने शिष्यों को प्रार्थना करना, यज्ञ करना, वेद मंत्रों का उच्चारण करना आदि नियम विधिवत बताते थे।

इस प्रकार की धार्मिक शिक्षा का उद्देश्य था-

विद्यार्थियों में दया, क्षमा, त्याग, सहिष्णुता, उदारता एवं परोपकार की भावना का समावेश करना।

वैदिक काल की शिक्षा गुरुकुल में दी जाती थी। गुरु अपने शिष्य को उपनयन संस्कार के माध्यम से अपने शरण में लेते थे और गुरुकुल में विद्यार्थियों को रखकर वह उनकी उचित विद्या का प्रबंध किया जाता था।

गुरुकुल में विद्या का विषय ब्रह्म ज्ञान, वेद, उपनिषद, संगीत, राजनीति, अस्त्र-शस्त्र आदि की शिक्षा व्यवहारिक रूप से दी जाती थी।

शिष्य अपने गुरु का सानिध्य पाकर उच्च शिक्षा को ग्रहण करता था। इतना ही नहीं वैदिक काल में शिक्षा को मोक्ष का साधन माना जाता था। अपितु हर एक व्यक्ति शिक्षा को प्राप्त करना चाहता था। वैदिक काल में शिक्षा धर्म से जुड़ी हुई थी विद्यार्थियों को धर्म की शिक्षा विशेष रूप से दी जाती थी. जिसके माध्यम से विद्यार्थी अपने धर्म, ईश्वर की भक्ति आदि शिक्षा के माध्यम से कर सकता था।

२. चरित्र निर्माण–

शिक्षा का सर्वप्रमुख उद्देश्य चरित्र का निर्माण करना ही है। शिक्षा प्राप्ति के उपरांत विद्यार्थी के चरित्र में बदलाव शिक्षा प्राप्ति की सफलता है। शिक्षा के बिना मनुष्य पशु के समान माना जाता है। शिक्षा की प्राप्ति के उपरांत विद्यार्थी एक चिंतक की भांति स्वयं अथवा परिवार और समाज के विषय में सोचता है।

शिक्षा ही एक ऐसा साधन है जो मनुष्य मनुष्य में भिन्नता उत्पन्न करती है। एक शिक्षित मनुष्य हमेशा अपने समाज की कुशलता के विषय में सोचेगा जबकि शिक्षा विहीन मनुष्य अपने स्वार्थ की पूर्ति में व्यस्त रहता है। वैदिक शिक्षा का एक अन्य उद्देश्य था आदर्श चरित्र का निर्माण था। शिक्षा तभी सार्थक मानी जाती थी जब उसके द्वारा विद्यार्थियों की विवेक बुद्धि बड़े और जीवन के प्रत्येक कार्य क्षेत्र में उन्हें सफलता मिले। सच्चरित्रता को अत्यधिक महत्व दिया जाता था शिक्षा का प्रमुख उद्देश्य उदात्त और महान चरित्र का निर्माण करना था। एक अन्य स्थान पर मनुष्य प्रति में पुनः उल्लेख मिलता है केवल सावित्री मंत्र को ही मानने वाला भी यदि चरित्रवान है तो अच्छा है, किंतु अपने जीवन खान-पान और स्वभाव में अनियंत्रित विप्र तीन वेदों का ज्ञाता होते हुए भी अच्छा नहीं माना जाएगा। विद्यार्थियों को गुरुकुल में शिक्षा का मंत्र दिया जाता था। गुरुकुल में रहते-रहते विद्यार्थी गुरुकुल के समाज से विशेष प्रकार से जुड़ जाता था।

वह अपने निजी स्वार्थ को भूलकर वहां के समाज के विषय में सोचता और उसके वातावरण में रम जाता। उसमें कार्य क्षमता का अद्भुत विकास होता विद्यार्थी स्वयं भिक्षा मांगकर अपना और अपने गुरुओं के भोजन की व्यवस्था करते स्वयं साफ-सफाई का ध्यान रखते अथवा शिक्षा के विभिन्न आयामों को ग्रहण करते उनसे परिचित होते। शिक्षा के द्वारा मनुष्य मोक्ष की प्राप्ति करता था अत: शिक्षा मानव को महान बनाती है।

३. व्यक्तित्व का विकास–

शिक्षा एक मनुष्य से दूसरे मनुष्य में भेद उत्पन्न करती है। एक शिक्षित मनुष्य अपने नहीं अथवा समाज के हित की सोचता है। व्यक्तित्व का सर्वांगीण विकास शिक्षा का एकमात्र उद्देश्य है। शिक्षा द्वारा शारीरिक और बौद्धिक योग्यता का समान रूप से विकास किया जाता है। मानसिक शक्तियों के विकास के लिए स्वस्थ शरीर का अत्यधिक महत्व है। माना जाता है कि स्वस्थ शरीर में ही स्वस्थ मस्तिष्क का वास होता है।

विद्यार्थी में आत्म सम्मान की भावना को बढ़ावा दिया जाता था. उनमें इन्द्रियों को वश में करना, आत्मसंयम और आत्मविश्वास की भावना को अधिक से अधिक बढ़ाने का प्रयत्न किया जाता था।

गुरुकुल में इस प्रकार के प्रयोग किए जाते थे कि विद्यार्थी में आत्मविश्वास, आत्मबल का विकास हो सके। किसी भी कठिन परिस्थिति में वह व्याकुल ना हो और संयम अथवा धैर्य से उस परिस्थिति का सामना कर सके। विद्यार्थी न्याय और विवेक बुद्धि द्वारा शिक्षा का प्रयोग कर सकें विद्यार्थी के आत्मसम्मान को बढ़ाने के लिए शिक्षा के माध्यम से उसे इस तथ्य की स्पष्ट जानकारी दे दी जाती थी कि वह देश की संस्कृति का रक्षक है।

आत्मविश्वास बढ़ाने के लिए शिक्षा के क्षेत्र में प्रवेश करने के समय ही अर्थात उपनयन संस्कार के समय ही उसे बता दिया जाता था कि उसके सभी अच्छे कर्मों में दिव्य शक्तियां उसकी सहायता करेगी, वह सदैव निर्भीक रूप से कार्य कर सकता है। शिक्षा प्राप्ति के बाद विद्यार्थी में वह दिव्य अनुभूति होती है जो साधु अथवा महात्मा में देखने को मिलती है। एक शिक्षित मनुष्य

के मस्तिष्क पर हमेशा तेज रहता है। कठिन समय में भी शिक्षित मनुष्य अपना धैर्य नहीं होता वह संयम के साथ कठिन परिस्थितियों का सामना करता है और उसका निवारण करता है। यही भेद अन्य मनुष्य से शिक्षा मनुष्य को अलग करता है।

४. नागरिक और सामाजिक कर्तव्यों का पालन–

शिक्षा मानव को सौहार्द और भाई चारे को बढ़ावा देने का एक माध्यम बना देती है। एक शिक्षित मनुष्य अपने देश के प्रति निष्ठावान होता है वह अपने देश में बने कर्तव्य अथवा नियमों का पालन बिना किसी विरोध के ससम्मान करता है।

अध्ययन काल में ही विद्यार्थी को उसके नागरिक और सामाजिक कर्तव्यों से अवगत कराया जाता है, उसे भावी राष्ट्र का निर्माता समझा जाता है। अतः स्वार्थ परकता से दूर रहने की शिक्षा दी जाती है। परोपकार को ही परम धर्म बताया गया है। गुरुकुल में गुरु अपने शिष्य को राजनीति की शिक्षा इसलिए दिया करते थे कि वह भावी राष्ट्र का निर्माता अथवा नीतिवान बन सके अपने राष्ट्र के नीति से अवगत हो सके समय पड़ने पर अपने राष्ट्र में नीति निर्माण का कार्य कर सकें। अपने राजा अथवा अपने देश के हित का सम्मान रखते हुए उनके कर्तव्यों का पालन करें और राष्ट्रहित में अपना योगदान दें।

५. सामाजिक सुख और कौशल की उन्नति–

मनुष्य सामाजिक प्राणी है वह समाज में ही रहता है। समाज विहीन मानव पशु के समान माना जाता है। मानव जब समाज में रहता है तो उसे अपने स्वयम के स्वार्थ को त्याग कर समाज के कल्याण अथवा उसकी उन्नति का ध्यान रखना शिक्षा का एकमात्र उद्देश्य हो जाता है। शिक्षा का उद्देश्य व्यवहारिक क्षेत्र में कुशल नागरिकों का निर्माण करना होता है, प्राचीन भारतीय समाज में श्रम विभाजन के सिद्धांत पर निर्मित था।

अतः प्रत्येक विद्यार्थी को इस दृष्टिकोण से शिक्षा दी जाती थी कि वह भावी जीवन में समाज के इस प्रकार के ढांचे में पूरी तरह अपने लिए स्थान

बना सके। इस प्रकार की व्यवहारिक शिक्षा द्वारा यह अध्ययन के उपरांत व्यवहारिक जीवन यापन में कठिनता अनुभव नहीं करता था। पूरी तरह सामाजिक सुख का उपयोग करता था साथ ही व्यवहारिक क्षेत्र में शिक्षित होने के कारण अपने अध्यवसाय में भी कुशलता से काम कर पाता था।

आधुनिक शिक्षा व्यवस्था में यह परिवर्तन किया गया है कि–

यदि कोई विद्यार्थी कौशल की शिक्षा लेना चाहता है तो वह अपने कौशल का विकास कर सकता है। वह व्यवसायिक शिक्षा प्राप्त कर सकता है, विभिन्न स्तरों पर इस शिक्षा की व्यवस्था की गई है। विद्यार्थी के व्यवस्थाएं रूचि के अनुसार उसके कौशल की उन्नति की जा सकती है। प्राचीन काल में वंशानुगत व्यवस्थाएं में कुशलता प्राप्त करना पड़ता था. कभी–कभी अपनी रुचि के अनुसार वंशानुगत व्यवसाय को छोड़कर किसी अन्य व्यवसाय में प्रशिक्षित होना पड़ता था। ऋग्वेद काल में इच्छा अनुसार व्यवसाय क्षेत्र के चयन की स्वतंत्रता थी किंतु उत्तर वैदिक काल में यह स्वतंत्रता नहीं रही और पूर्णरूपेण वंशानुगत ही हो गए।

६. राष्ट्रीय संस्कृति का संरक्षण और प्रसार–

मध्य काल तक एक व्यक्ति अपने राजा के राज्य को ही राष्ट्र मानता था और उसके प्रति अपनी निष्ठा व्यक्त करता था। किंतु आधुनिक काल में एक राष्ट्र का उदाहरण बदल गया है। अब किसी एक राज्य के प्रति व्यक्ति अपनी निष्ठा नहीं प्रकट करता अथवा राष्ट्र के प्रति अपनी निष्ठा व्यक्त करता है, और उसके कर्तव्य उसके नियमों का पालन करता है। उसका संरक्षण उसके संस्कृति को अपनाता है और उसके विकास उन्नति में अपनी भागीदारी सुनियोजित करता है।

मध्य काल तक एक व्यक्ति अपने राजा अथवा आश्रितों के प्रति ही अपनी निष्ठा व्यक्त करता था। शिक्षा के उद्देश्य से उसके विचारों में परिवर्तन आया और अपने राष्ट्र के प्रति सोच में बदलाव किया। शिक्षा का एक अन्य उद्देश्य राष्ट्रीय संस्कृति का संरक्षण और प्रसार भी है। विद्यार्थी देश की प्राचीन संस्कृति का संरक्षण करता था तथा परिस्थिति के अनुसार अपनी न्याय एवं बुद्धि बल से उसमें परिवर्धन (संशोधन) भी करता था।

शिक्षा के द्वारा वर्षों तक देश की चेतना का अस्तित्व बना रहा वैदिक काल से लेकर निरंतर शिक्षित वर्ग अपने ज्ञान द्वारा भावी पीढ़ी को शिक्षित करता था। इस प्रकार शास्त्रों वर्षों तक वेदों के और लिखित न रहने पर भी उसके अस्तित्व अक्षय ना रह सका यह लिखित ग्रंथ पिता पुत्र और शिष्य गुरु परंपरा द्वारा मौखिक रूप से जीवित रह सके तथा एक पीढ़ी से दूसरी पीढ़ी को स्मरण शक्ति द्वारा ही हस्तांतरित होते रहे।

निष्कर्ष–

समग्रतः हम कह सकते हैं कि शिक्षा का उद्देश्य वर्तमान समय में शिक्षार्थी के सर्वांगीण विकास पर केंद्रित है।

आज के शिक्षाविद मानते हैं कि एक शिक्षार्थी के अंतर्निहित शक्तियों को उजागर करना उसको बाहर निकालना है और शिक्षार्थी सर्वांगीण अर्थात मानसिक, शारीरिक, भौतिक आदि सभी प्रकार से शिक्षार्थी को संपन्न सशक्त बनाना ही शिक्षा का उद्देश्य है। शिक्षा का उद्देश्य समय के साथ-साथ बदलता रहा है। आदिकाल में शिक्षा वंशानुक्रम पर आधारित था। अर्थात जो बालक ब्राह्मण है वह ब्राह्मण और जो छत्रिय है वह छत्रिय की शिक्षा लिया करते थे। मध्यकाल में शिक्षा का उद्देश्य धर्म के प्रचार-प्रसार का केंद्र हो गया था।

आधुनिक काल में शिक्षा का उद्देश्य बालक को केंद्र मानकर उसका सर्वांगीण विकास करना ही एकमात्र उद्देश्य है।

१०. आदर्श आश्रम व्यवस्था

हिन्दू सामाजिक संगठन की दूसरी महत्वपूर्ण संस्था आश्रमों की है जो वर्ण के साथ सम्बन्धित है। आश्रम मनुष्य के प्रशिक्षण की समस्या से सम्बद्ध है जो संसार की सामाजिक विचारधारा के सम्पूर्ण इतिहास में अद्वितीय है। हिन्दू व्यवस्था में प्रत्येक मनुष्य का जीवन एक प्रकार के प्रशिक्षण तथा आत्मानुशासन का है।

इस प्रशिक्षण के दौरान उसे चार चरणों से होकर गुजरना पड़ता है। ये प्रशिक्षण की चार अवस्थायें हैं। 'आश्रम' शब्द की उत्पत्ति 'श्रम' धातु से है जिसका अर्थ है परिश्रम या प्रयास करना। इस प्रकार आश्रम वे स्थान है जहाँ प्रयास किया जाये। मूलतः आश्रम जीवन की यात्रा में एक विश्राम स्थल का

कार्य करते हैं, जहाँ आगे की यात्रा के लिये तैयारी की जाती है। जीवन का चरम लक्ष्य मोक्ष की प्राप्ति है। प्रभु ने मोक्ष प्राप्ति की यात्रा में आश्रमों को विश्रामस्थल बताया है।

आश्रम व्यवस्था के मनोवैज्ञानिक-नैतिक आधार पुरुषार्थ हैं जो आश्रमों के माध्यम से व्यक्ति को समाज के साथ सम्बद्ध कर उसकी व्यवस्था तथा संचालन में सहायता प्रदान करते हैं। एक ओर जहाँ मनुष्य आश्रमों के माध्यम से जीवन में पुरुषार्थों के उपयोग करने का मनोवैज्ञानिक प्रशिक्षण प्राप्त करता है तो दूसरी ओर व्यवहार में वह समाज के प्रति इनके अनुसार जीवनयापन करता हुआ अपने कर्तव्यों को पूरा करता है।

प्रत्येक आश्रम जीवन की एक अवस्था है जिसमें रहकर व्यक्ति एक निश्चित अवधि तक प्रशिक्षण प्राप्त करता है। महाभारत में वेद-व्यास ने चारों आश्रमों को ब्रह्मलोक पहुँचने के मार्ग में चार सोपान निरूपित किया है। भारतीय विचारकों ने चतुराश्रम व्यवस्था के माध्यम से प्रवृत्ति तथा निवृत्ति के आदर्शों में समन्वय स्थापित किया है।

आश्रमों की उत्पत्ति के समय के विषय में मतभेद है। रिज डेविड्स जैसे कुछ विद्वानों की मान्यता है कि आश्रमों का प्रचलन बुद्ध के बाद अथवा त्रिपिटकों की रचना के पश्चात् हुआ होगा क्योंकि इनमें उनका उल्लेख नहीं मिलता है। किन्तु यह मत असंगत लगता है। कारण कि उत्तर वैदिक कालीन ग्रन्थों में हम आश्रमों का यत्र-तत्र उल्लेख प्राप्त करते हैं। ऐतरेय ब्राह्मण, तैत्तरीय संहिता, शतपथ ब्राह्मण आदि में इनका उल्लेख है। जाबालोपनिषद् में हम सर्वप्रथम चारों आश्रमों का उल्लेख प्राप्त करते हैं।

ऐसा प्रतीत होता है कि आश्रमों की कल्पना उपनिषद् काल में ही हो चुकी थी किन्तु सूत्रकाल तक आते-आते यह व्यवस्था समाज में पूर्णतया प्रतिष्ठित हो गयी। स्मृतिकाल में विभिन्न आश्रमों के विधि-विधान निर्धारित किये गये। लगता है कि चारों आश्रमों का विधान भी एक साथ नहीं हुआ होगा।

प्रारम्भ में मात्र दो आश्रम थे-ब्रह्मचर्य तथा गृहस्थ। तत्पश्चात् वानप्रस्थ तथा अन्तोगत्वा सन्यास आश्रम का विधान किया गया होगा। सन्यास की

उत्पत्ति निश्चयतः अवैदिक श्रमण विचारधारा के प्रभाव से हुई थी। सूत्रकाल तक समाज में आश्रम व्यवस्था पूर्णरूपेण प्रतिष्ठित हो चुकी थी।

स्मृतिकाल में विभिन्न आश्रमों के नियम निर्धारित किये गये। ए. एल. बाशम की धारणा है कि हिंदू समाज में आश्रम आदर्श रूप में थे तथा व्यवहार में इनका पालन कम ही हुआ। किन्तु यह विचार उचित नहीं लगता। हिन्दू शास्त्रकारों ने इस बात पर सदा बल दिया कि चारों आश्रमों का पालन क्रमशः किया जाना चाहिए।

कौटिल्य अर्थशास्त्र में लिखता है कि–'राजा का यह कर्तव्य है कि वह प्रजा से वर्णाश्रम धर्म के नियमों का पालन करवाये। इनके उल्लंघन से समाज में अव्यवस्था की स्थिति उत्पन्न होती है तथा संसार का नाश होता। वर्णाश्रम नियमों के पालन से संसार की उन्नति होती है।'

इस प्रकार स्पष्ट है कि वर्णाश्रम धर्म का आचरण न केवल समाज में संतुलन बनाये रखने, अपितु उसकी उन्नति के लिये भी अभीष्ट था। किन्तु धर्मशास्त्रों द्वारा प्रतिपादित चतुराश्रम व्यवस्था के नियमों का पालन प्राचीन इतिहास के सभी कालें में समान रूप से किया गया हो ऐसी बात नहीं है।

पूर्वमध्यकाल तक आते–आते हम इसमें कुछ परिवर्तन पाते हैं। इस काल के कुछ पुराण तथा विधि ग्रन्थ यह विधान करते हैं कि कलियुग में दीर्घकाल तक ब्रह्मचर्य पालन तथा वानप्रस्थ में प्रवेश से बचना चाहिए। बाल विवाह के प्रचलन के कारण भी ब्रह्मचर्य का पालन कठिन हुआ होगा।

शंकर तथा रामानुज दोनों ने इस बात का उल्लेख किया है कि साधनों के अभाव तथा निर्धनता के कारण अधिकांश व्यक्ति आश्रम व्यवस्था का पालन नहीं कर पाते थे। इस प्रकार ऐसा प्रतीत होता है कि प्राचीन इतिहास के अन्तिम काल तक आते–आते यह व्यवस्था कुछ विशेष कुलों तक ही सीमित रह गयी थी। आश्रमों का पुरुषार्थों के साथ घनिष्ठ सम्बन्ध माना गया है। ब्रह्मचर्य में धर्म प्रमुख रहता है। यहाँ धर्म की पूरी शिक्षा मिलती है। इसके द्वारा ब्रह्मचारी अर्थ और काम पर नियंत्रण स्थापित करते हुए जीवनयापन करता है। मोक्ष का महत्व भा इसी समय वह जान लेता है।

गृहस्थाश्रम में अर्थ तथा काम प्रधान साध्य होते हैं। यहाँ मनुष्य धर्मानुसार उनका उपभोग करता है। धर्म, अर्थ एवं काम के उच्छृंखल उपयोग को रोकने में सहायक होता है। वानप्रस्थ में धर्म तथा मोक्ष साध्य होते हैं और प्रथम स्थान धर्म का रहता है।

सन्यास आश्रम में मोक्ष एकमात्र साध्य होता है तथा धर्म इसी में विलीन हो जाता है। वस्तुतः मोक्ष को प्रत्येक आश्रम में जीवन के चरम लक्ष्य के रूप में स्वीकार किया जाता है। प्रत्येक आश्रम में व्यक्ति तथा समाज के परस्पर सम्बन्ध एवं कार्य अलग-अलग होते हैं।

प्रथम आश्रम में समाज व्यक्ति की देखभाल करता है जबकि द्वितीय अवस्था में व्यक्ति समाज की देख-भाल करता है। अब वह सामाजिक सम्पत्ति का न्यासी बन जाता है। तृतीय अवस्था में व्यक्ति की स्थिति परिवार तथा समाज के सलाहकार के रूप में मानी जाती है। अन्तिम आश्रम संन्यास में व्यक्ति का समाज के प्रति दायित्व बिल्कुल समाप्त हो जाता है। तृतीय तथा चतुर्थ आश्रम में समाज के कर्त्तव्य भी क्रमशः घटते हुए समाप्त हो जाते हैं।

हिन्दू धर्मशास्त्र मनुष्य की आयु सौ वर्ष मानते हैं तथा प्रत्येक आश्रम के निमित्त पच्चीस-पच्चीस वर्ष की अवधि निर्धारित करते हैं। विभिन्न आश्रम तथा उनके दौरान पालन किये जाने वाले आचारों का विवरण निम्न प्रकार से हैं:

1. ब्रह्मचर्य आश्रम:

यह प्रथम आश्रम है जिसका अर्थ है-'ब्रह्म के मार्ग पर चलना।' यह विद्याध्ययन का काल है जिसका प्रारम्भ उपनयन संस्कार से होता है। बालक गुरु के समीप रहकर अध्ययन करता है। वहाँ उसकी दिनचर्या अत्यन्त कठोर एवं पवित्र होती थी। प्राचीन ग्रन्थों में ब्रह्मचारी के जीवन का वर्णन मिलता है।

गुरुकुल में रहकर उसे वेदाध्ययन करना पड़ता था। यहाँ उसका पुरुषार्थ केवल धर्म होता था। उसकी सभी क्रियायें धर्म के अनुकूल होती थीं। विद्यार्थी गुरु की निष्ठापूर्वक सेवा करता था तथा भिक्षावृत्ति द्वारा अपना निर्वाह करता था। वह सूर्योदय के पूर्व उठता था, दिन में तीन बार स्नान करता तथा प्रातः एवं सायंकाल संध्या करता था।

वह केवल दो बार भोजन ग्रहण करता था। उसके लिये नृत्य, गान, सुगन्धित द्रव्यों का उपयोग, स्त्री की ओर देखना, उसकी चिन्ता करना तथा उसका स्पर्श, सब कुछ वर्जित था। वह सदाचार एवं सच्चरित्रता का पालन करता था। उसका पूरा जीवन साधना का जीवन था।

प्रत्येक ब्रह्मचारी को जनेऊ, मेखला एवं दण्ड धारण करना पड़ता था। प्रत्येक वर्ण के ब्रह्मचारी के लिये अलग-अलग मेखला निर्धारित थी। ब्राह्मण ब्रह्मचारी मूंज की, क्षत्रिय लौह खंड से युक्त मूंज की तथा वैश्य ऊन की मेखला धारण करता था।

महाभारत में वर्णन मिलता है कि ब्रह्मचारी का जीवन सभी धर्मों में श्रेष्ठ तथा आदर युक्त होता है जिसका अनुसरण करने वाले परमपद को प्राप्त करते हैं। अर्थशास्त्र में ब्रह्मचारी के कर्तव्य 'वेदाध्ययन, अग्नि अभिषेक, भिक्षावृत्ति तथा उसके अभाव में गुरुपुत्र अथवा ज्येष्ठ ब्रह्मचारी की सेवा करना' बताया गया है।

भिक्षावृत्ति का विधान इस उद्देश्य से किया गया था कि विद्यार्थी में नम्रता का भाव जागृत हो सके। गृहस्थ का भी कर्तव्य था कि वह द्वार पर आये हुए ब्रह्मचारी को भिक्षा दिये बिना वापस न करें तथा उसका सत्कार करें।

ब्रह्मचारी दो प्रकार के कहे गये हैं:

(i) उपकुर्वाण:

ये ब्रह्मचर्य आश्रम समाप्त होने पर गृहस्थ आश्रम में प्रवेश करते थे। वे गुरु को अपने सामर्थ्य के अनुसार दक्षिणा देते थे तथा उसकी आज्ञा पाकर गृहस्थ जीवन में पदार्पण करते थे।

(ii) नैष्ठिक:

ये जीवन-पर्यन्त गुरु के पास रहकर विद्याध्ययन करते थे। उन्हें 'अन्तेवासी' कहा जाता था। मनुस्मृति में कहा गया है कि ऐसे व्यक्ति ब्रह्मलोक में जाते हैं। याज्ञवल्क्य के अनुसार उनका पुनर्जन्म नहीं होता है। अध्ययन की समाप्ति के पश्चात् ब्रह्मचारी स्नान करता था।।

यह अध्ययन के अन्त का सूचक था। तत्पश्चात् वह 'स्नातक' कहा जाता था तथा अगले आश्रम में प्रवेश के योग्य बन जाता था। ब्रह्मचर्य आश्रम से गृहस्थाश्रम में प्रवेश करते समय 'समावर्तन' नामक संस्कार सम्पन्न होता था। इस समय तक वह पच्चीस वर्ष की आयु पूरी कर लेता था।

ब्रह्मचर्य आश्रम में रहने की अवधि प्रायः बारह वर्ष तक मानी जाती थी। कुछ विद्यार्थी आजीवन ब्रह्मचर्य व्रत का पालन करते हुए गुरुकुल में रहकर शिक्षा ग्रहण करते थे। उपनिषदों एवं संहिता ग्रन्थों में ऐसे व्यक्तियों के नाम मिलते हैं जिन्होंने दीर्घ काल तक वेदाध्ययन किया था।

2. गृहस्थाश्रम

ब्रह्मचर्य आश्रम के बाद मनुष्य गृहस्थाश्रम में प्रवेश करता था जिसकी अवधि 25 वर्ष से लेकर 50 वर्ष के लगभग तक मानी गयी है। प्राचीन ग्रन्थों में गृहस्थाश्रम की काफी प्रशंसा की गयी है तथा इसे सभी आश्रमों का स्रोत बताया गया है।

इसी आश्रम में रहकर मनुष्य त्रिवर्ग अर्थात् धर्म, अर्थ एवं काम का एक साथ उपयोग करते हुए मोक्ष प्राप्ति के योग्य बनता है। मनुस्मृति में कहा गया है कि जिस प्रकार सभी प्राणी वायु के सहारे जीवित रहते हैं उसी प्रकार सभी आश्रम गृहस्थाश्रम के सहारे जीवन प्राप्त करते हैं। तीनों आश्रमों का भारवहन करने के कारण यह श्रेष्ठ हैं।

जिस प्रकार सभी छोटी-बड़ी नदियाँ समुद्र में आश्रय पाती हैं उसी प्रकार सभी आश्रम गृहस्थ में आश्रय पाते हैं। पुराणों तथा महाभारत में भी गृहस्थ आश्रम की प्रशंसा की गयी है तथा उसे सर्वश्रेष्ठ बताया गया है। जो लोग गृहस्थाश्रम का त्याग कर सन्यास ग्रहण कर लेते थे, प्राचीन धर्मग्रन्थ उनकी निन्दा करते हैं। गृहस्थाश्रम सामाजिक कर्तव्यों की पूर्ति करने का उपयुक्त अवसर प्रदान करता था। यहाँ रहते हुए मनुष्य अपने तथा परिवार के भरण-पोषण के निमित्त धर्मानुकूल अर्थसंग्रह करता था।

अर्थशास्त्र में गृहस्थ के निम्नलिखित कर्तव्य बताये गये हैं:

(i) अपने धर्म के अनुकूल जीविकोपार्जन करना।

(ii) विधिपूर्वक विवाह करना।

(iii) अपनी विवाहिता पत्नी से ही सम्पर्क रखना।

(iv) देवताओं, पितरों, भृत्यों आदि को खिलाने के वाद बचे हुए अन्न को ग्रहण करना।

मनुस्मृति में गृहस्थ के दस धर्मों का उल्लेख मिलता है, अर्थात् धृति, क्षमा, दम, अस्तेय, शौच, इन्द्रिय-निग्रह, ज्ञान, विद्या, सत्य तथा क्रोध न करना। यथाशक्ति दान देना तथा आये हुए अतिथि का सत्कार करना भी उसके कर्तव्य थे।

गृहस्थाश्रम में मनुष्य को विभिन्न संस्कारों का अनुष्ठान करना पड़ता था जो जन्म से लेकर मृत्यु तक चलते थे। विवाह संस्कार के साथ उसका गृहस्थाश्रम में पदार्पण होता था तथा तत्पश्चात् वह अन्य संस्कारों को सम्पन्न करता था। इसी आश्रम में मनुष्य तीन ऋणों से मुक्ति प्राप्त करता था जिनका विधान धर्मग्रन्थों में हुआ है।

ये ऋण हैं:

(1) देव ऋण–ऐसी मान्यता थी कि व्यक्ति के जन्म के समय उसके ऊपर देवी-देवताओं की महती कृपा रहती है, अतः उसका कर्त्तव्य है कि वह देवताओं के प्रति कृतज्ञता ज्ञापित करें। इससे मुक्ति तमी संभव थी जब मनुष्य यथाशक्ति यज्ञों का अनुष्ठान करें।

(2) ऋषि ऋण–विधिपूर्वक वेदों का अध्ययन करने से ऋषि ऋण से मुक्ति मिल जाती थी।

(3) पितृ ऋण–धर्मानुसार सन्तानोत्पन्न करके व्यक्ति पितृ ऋण से मुक्ति पाता था।

उपर्युक्त तीनों ऋणों से उऋण होना मनुष्य का परम कर्तव्य माना गया था। मनुस्मृति में स्पष्टतः कहा गया है कि जो व्यक्ति तीनों ऋणों से मुक्ति प्राप्त किये बिना मोक्ष की इच्छा रखता है वह नरक का अधिकारी होता है।

पंच महायज्ञः

गृहस्थाश्रम में रहते हुए मनुष्य को पाँच महायज्ञों का भी अनुष्ठान करना पड़ता था। ये यज्ञ लौकिक तथा पारलौकिक सुख एवं शान्ति के लिये आवश्यक माने गये थे। इनका विवरण निम्नलिखित है:

(I) ब्रह्म यज्ञः

इसमें वेदों का अध्ययन किया जाता था। इस यज्ञ के माध्यम से व्यक्ति प्राचीन विद्वान् ऋषियों के प्रति अपनी कृतज्ञता ज्ञापित करता था।

(II) पितृ यज्ञः

यह मृत पितरों की शान्ति हेतु किया जाता था। इसमें पितरों को तर्पण, श्राद्ध आदि किया जाता था।

(III) देव यज्ञः

इसमें देवताओं का पूजन, बलि, घृत आदि से अग्नि में हवन आदि किया जाता था। ऐसी मान्यता थी कि व्यक्ति को भौतिक सुख देवताओं की अनुकम्पा से ही प्राप्त होते हैं। अतः यह आवश्यक था कि मनुष्य उनको पूजा द्वारा प्रसन्न रखे। ऐसा विश्वास था कि अग्नि में जो आहुति दी जाती थी उसे देवता स्वयं उपस्थित होकर ग्रहण करते थे।

(IV) भूत यज्ञः

इसमें समस्त प्राणियों को बलि प्रदान की जाती थी। बलि भाग को अग्नि में न डालकर सभी दिशाओं में रख दिया जाता था ताकि सभी प्राणी उसे ग्रहण कर सकें। इस यज्ञ के माध्यम से विनाशकारी भूत-प्रेतों को सन्तुष्ट करने का भी प्रयास किया जाता था।

(V) मनुष्य यज्ञः

इसे नृयज्ञ अथवा अतिथि यज्ञ भी कहा गया है। इसमें आगन्तुक अतिथियों का सेवा-सत्कार किया जाता था। अतिथि की यथाशक्ति सेवा करना तथा उसे भोजन प्रदान करना प्रत्येक गृहस्थ का परम कर्तव्य माना गया है। विष्णु पुराण में आख्यात है कि–'यदि कोई गृहस्थ किसी अतिथि को सत्कार किये बिना लौटा देता है तो उसके समस्त पुण्य समाप्त हो जाते है।'

अतिथि को देवता बताया गया है (अतिथि देवो भव)। अथर्ववेद में उल्लेख मिलता है कि अतिथि न केवल गृहस्थ के यहाँ भोजन ग्रहण करता है, अपितु उसके पापों का भी भक्षण करता हैं। बौद्धायन के अनुसार अतिथि चाहे प्रिय हो या अप्रिय, उसका आदर-सत्कार करने वाला व्यक्ति स्वर्ग लोक का भागी होता है।

इस प्रकार तीन ऋण तथा पाँच महायज्ञ गृहस्थ आश्रम में व्यक्ति को लौकिक तथा पारलौकिक सुख प्रदान करने वाले थे। इनके माध्यम से व्यक्ति वैयक्तिक उन्नति तो करता ही था, साथ ही साथ वह समाज के प्रति अपने दायित्वों का भी धर्मपूर्वक निर्वाह करता था।

गृहस्थाश्रम में धर्मसंगत आचरण करता हुआ मनुष्य अर्थ एवं काम की प्राप्ति एवं उपभोग करता था। मानव-जीवन के विविध उद्देश्यों को प्राप्त करने के लिये गृहस्थाश्रम ही कर्म-भूमि थी। यह साधना किसी अन्य आश्रम में संभव नहीं थी। इसी कारण प्राचीन धर्म ग्रन्थ गृहस्थाश्रम को सर्वश्रेष्ठ घोषित करते हैं।

किन्तु इसका अर्थ यह नहीं है कि प्राचीन शास्त्रकारों की दृष्टि में अन्य आश्रम गौण थे। वस्तुतः गृहस्थ आश्रम सामाजिक कर्तव्यों के पालन की दृष्टि से ही सर्वोत्तम माना गया है अन्यथा प्रत्येक आश्रम का हिंदू जीवनदर्शन में अपना महत्व था।

ज्ञान प्राप्ति की दृष्टि से ब्रह्मचर्य एवं व्यक्तिगत मोक्ष प्राप्ति की दृष्टि से सन्यास आश्रम का सर्वाधिक महत्व था। प्रभु का विचार है कि प्राचीन हिन्दू शास्त्रकार यह समझते थे कि सामान्य व्यक्ति के लिये यह संभव नहीं है कि वह क्रमानुसार चारों आश्रमों का पालन कर सके।

अतः उन्होंने यह उचित ही व्यवस्था दी कि केवल गृहस्थाश्रम में रहने वाला व्यक्ति भी, यदि तीनों ऋणों से उऋण होकर पुरुषार्थों का शास्त्रोक्त ढंग से पालन करें, तो मोक्ष प्राप्त कर सकता है। यही कारण है कि हिन्दू समाजशास्त्रियों ने गृहस्थाश्रम की अत्यधिक प्रशंसा की है।

3. वानप्रस्थ आश्रम:

गृहस्थाश्रम के कर्तव्यों को भली-भांति पूरा कर लेने के उपरान्त मनुष्य वानप्रस्थ में प्रवेश करता था। वह अपने कुल, गृह तथा ग्राम को छोड़कर वन में जाता तथा वहाँ निवास करते हुए अपनी इन्द्रियों पर नियंत्रण स्थापित करता था। कुछ ग्रन्थों में वानप्रस्थ के लिये 'वैखानस' शब्द का प्रयोग मिलता है।

मनुस्मृति में कहा गया है कि जब मनुष्य के सिर के बाल सफेद होने लगे, उसके शरीर पर झुर्रियाँ पड़ जायें तथा वह पौत्रों का मुँह देख ले तब उसे वानप्रस्थ ग्रहण करना चाहिए। इसका उद्देश्य विद्या, तपस्या की वृद्धि एवं शरीर की शुद्धि बताया गया है (**विद्या तपोविवृद्धयर्थशरीरस्यशुद्धये**)।

प्राचीन ग्रन्थों में वानप्रस्थी की दिनचर्या का विवरण प्राप्त होता है। तदनुसार उसे केवल कन्दमूल फल ही खाना होता था। मिठाई तथा मांस उसके लिये निषिद्ध थे। अत्यन्त भूखे होने पर भी वह गाँव में उत्पन्न कन्द फल को ग्रहण नहीं कर सकता था। वह मृगचर्म अथवा वृक्ष की छाल पहनता था, पेड़ के नीचे भूमि तल पर शयन करता तथा ब्रह्मचर्य व्रत का पालन करता था।

उसे समस्त भौतिक सुखों का त्याग करना पड़ता था। यहाँ पर उसे पंच महायज्ञों का अनुष्ठान करना होता था। उसका समय वेदों, उपनिषदों आदि के अध्ययन तथा तपस्या करने में व्यतीत होता था। इस प्रकार जीवन यापन करने से उसके शरीर की शुद्धि तथा आत्मा का उत्कर्ष होता था।

वानप्रस्थ आश्रम में अध्ययन एवं ध्यान मुख्य साध्य थे। यहाँ व्यक्ति राग-द्वेष से रहित होकर सभी के प्रति मैत्री भाव रखता था। यद्यपि वह दान लेने का अधिकारी नहीं था तथापि उसका यह कर्तव्य था कि वह सभी के प्रति दानशील बना रहे।

महाभारत में कहा गया है कि ब्रह्मचर्य, क्षमा, शौच, वानप्रस्थी के सनातन धर्म होते हैं जिनका पालन करने पर वह स्वर्ग लोक की प्राप्ति करता है। इस प्रकार वानप्रस्थी की दिनचर्या अत्यन्त कठोर थी। वह कायाक्लेश का जीवन व्यतीत करता हुआ धीरे-धीरे अपने चित्त को सांसारिक मोह जाल से हटाता तथा अन्ततोगत्वा अपने को पूर्णतया निर्लिप्त कर लेता था। वानप्रस्थ

आश्रम की आयु प्रायः पचास से पचहत्तर वर्ष की होती थी। शास्त्रोक्त विधि से इसके नियमों का पालन करते हुए यदि व्यक्ति की मृत्यु हो जाती थी तब भी वह मोक्ष को प्राप्त होता था।

4. सन्यास आश्रमः

यदि मनुष्य वानप्रस्थ आश्रम को सफलतापूर्वक पार कर लेता और जीवित बच जता था तो वह अन्तिम आश्रम सन्यास में प्रवेश करता था। कुल्लूक भट्ट तथा विज्ञानेश्वर जैसे टीकाकारों ने व्यवस्था दी है कि मनुष्य गृहस्थ आश्रम से सीधे सन्यास आश्रम में प्रवेश कर सकता है। कुछ विद्वान् इस आश्रम की उत्पत्ति पर अवैदिक विचारधारा का प्रभाव पाते हैं। प्राचीन ग्रन्थों में सन्यासी के लिये परिब्राजक, यति, भिक्षु आदि का प्रयोग मिलता है।

सन्यास आश्रम का मूल लक्ष्य परम पद अर्थात् मोक्ष को प्राप्त करता था। इस अवस्था में व्यक्ति पूर्णतया निर्लिप्त होकर अपना मन परमात्मा के चिन्तन में लगाता था। वह अपने पास कुछ भी नहीं रखता था तथा समस्त रागद्वेष, मोहमाया आदि से विरक्त होकर एकाकी भ्रमण करता था।

अपने निर्वाह के लिये वह दिन में मात्र एक बार भिक्षा माँग सकता था। उसे अपनी इन्द्रियों पर कठोर नियंत्रण रखना पड़ता था। इसके लिये समभाव होना, किसी प्राणी से कभी द्वेष न करना तथा काम, क्रोध, लोभादि कुप्रवृत्तियों का पूर्णतया त्याग कर देना अनिवार्य था।

महाभारत में वर्णन है कि 'सन्यासी को अहिंसा, सत्य, अस्तेय, बह्मचर्य, संतोष, पवित्रता, अपरिग्रह, तप, स्वाध्याय, ईश्वरध्यान आदि में लीन रहना चाहिए।' उसके लिये निरन्तर भ्रमण करते रहने तथा एक स्थान पर स्थायी रूप से न टिकने का आदेश था।

वह ग्राम में एक रात तथा नगर में पाँच रातों तक ही ठहर सकता था। मनुस्मृति में कहा गया है कि शारीरिक रूप से स्वस्थ्य होने पर भी सन्यासी को भ्रमणशील रहना चाहिए। यह विधान शायद इसलिये था कि एक स्थान पर स्थायी वास करने से व्यक्ति पुनः सांसारिक माया जाल में आबद्ध हो जावेगा।

इस प्रकार कठोर तपस्या एवं कायाक्लेश का जीवन व्यतीत करते हुए सन्यासी के समस्त पाप नष्ट हो जाते थे तथा वह परमपद को प्राप्त कर लेता था। प्राचीन भारतीय समाज में सन्यासियों का बड़ा ही सम्मान था। यूनानी तथा मुसलमान लेखक भी उनके ज्ञान एवं साधना-शक्ति की प्रशंसा करते हैं।

कुछ भारतीय सन्यासियों थे जिन्होंने अपनी ज्ञान-शक्ति से सिकन्दर को भी प्रभावित किया था। भारतीय समाज में सन्यासी प्राय: ब्राह्मण वर्ग के ही होते थे। महाभारत में ब्राह्मण को सन्यासी का पर्यायवाची माना गया है। सन्यास आश्रम की अवधि प्राय: पिचहत्तर वर्ष से सौ वर्ष तक मानी गयी थी।

व्यक्ति के भौतिक तथा आध्यात्मिक उन्नति का मार्ग इन आश्रमों द्वारा प्रशस्त होता था जहाँ प्राप्त प्रशिक्षण के आधार पर व्यक्ति अपने जीवन में आचरण करता था। अत: यह उचित ही कहा गया है कि आश्रम मानव जीवन की पाठशालायें हैं।

आश्रमों के ही माध्यम से व्यक्ति अपने सामाजिक कर्तव्यों के विषय में जानकारी प्राप्त करता था तथा व्यावहारिक जीवन में तदनुसार आचरण करता था। पुरुषार्थों का संतुलित एवं नियंत्रित उपभोग करते हुए वह समाज का उपयोगी सदस्य बन जाता था। हिन्दू जीवन पद्धति की यह अपनी व्यवस्था थी जो विश्व के किसी अन्य देशों के समाज में दुष्प्राप्य है।

११. आदर्श पुरुषार्थ

हिन्दू धर्म में पुरुषार्थ से तात्पर्य मानव के लक्ष्य या उद्देश्य से है ('पुरुषैर्थ्यते इति पुरुषार्थः')। पुरुषार्थ पुरुष+अर्थ = अर्थात मानव को 'क्या' प्राप्त करने का प्रयत्न करना चाहिए। प्रायः मनुष्य के लिये वेदों में चार पुरुषार्थों का नाम लिया गया है-धर्म, अर्थ, काम और मोक्ष। इसलिए इन्हें 'पुरुषार्थचतुष्टय' भी कहते हैं। महर्षि मनु पुरुषार्थ चतुष्टय के प्रतिपादक हैं।

चार्वाक दर्शन केवल दो ही पुरुषार्थ को मान्यता देता है–अर्थ और काम। वह धर्म और मोक्ष को नहीं मानता। महर्षि वात्स्यायन भी मनु के पुरुषार्थ–चतुष्टय के समर्थक हैं किन्तु वे मोक्ष तथा परलोक की अपेक्षा धर्म, अर्थ, काम पर आधारित सांसारिक जीवन को सर्वोपरि मानते हैं।

योगवासिष्ठ के अनुसार सद्जनों और शास्त्र के उपदेश अनुसार चित्त का विचरण ही पुरुषार्थ कहलाता है। भारतीय संस्कृति में इन चारों पुरुषार्थों का विशिष्ट स्थान रहा है। वस्तुतः इन पुरुषार्थो ने ही भारतीय संस्कृति में आध्यात्मिकता के साथ भौतिकता का एक अद्भुत समन्वय स्थापित किया है। (आचार्य ललित) धर्म अर्थ काम ये तीनों पुरुषार्थ को अच्छी तरह कर लेने से ही मोक्ष की प्राप्ति सहज हो जाती है

धर्मः

प्राचीन काल में ही भारतीय मनीषियों ने धर्म को वैज्ञानिक ढंग से समझने का प्रयत्न किया था। धर्म का विवेचन करते समय समझाया गया है कि धर्म वह है जिससे अभ्युदय और निःश्रेयस की सिद्धि हो–

यतो अभ्युदयनिःश्रेयससिद्धिः स धर्मः।

(कणाद, वैशेषिकसूत्र, १.१.२)

'अभ्युदय' से लौकिक उन्नति का तथा 'निःश्रेयस' से पारलौकिक उन्नति एवं कल्याण का बोध होता है। अर्थात जीवन के ऐहिक और पारलौकिक दोनों पक्षों से धर्म को जोड़ा गया था। धर्म की इससे अधिक उदार परिभाषा और क्या हो सकती है? धर्म शब्द का अर्थ अत्यन्त गहन और विशाल है। इसके अन्तर्गत मानव जीवन के उच्चतम विकास के साधनों और नियमों का समावेश होता है।

धर्म कोई उपासना पद्धति न होकर एक विराट और विलक्षण जीवन–पद्धति है। यह दिखावा नहीं, दर्शन है। यह प्रदर्शन नहीं, प्रयोग है। यह चिकित्सा है मनुष्य को आधि, व्याधि, उपाधि से मुक्त कर सार्थक जीवन तक पहुँचाने की। यह स्वयं द्वारा स्वयं की खोज है। धर्म, ज्ञान और आचरण की खिड़की खोलता है। धर्म, आदमी को पशुता से मानवता की ओर प्रेरित करता है। अनुशासन के अनुसार चलना धर्म है। हृदय की पवित्रता ही धर्म का वास्तविक स्वरूप है। धर्म का सार जीवन में संयम का होना है।

अर्थात जो भी विचार और क्रियाएं भौतिक जीवन से संबंधित है उन्हें 'अर्थ' की संज्ञा दी गयी है।

धर्म के बाद दूसरा स्थान अर्थ का है। अर्थ के बिना, धन के बिना संसार का कार्य चल ही नहीं सकता। जीवन की प्रगति का आधार ही धन है। उद्योग-धंधे, व्यापार, कृषि आदि सभी कार्यों के निमित्त धन की आवश्यकता होती है। यही नहीं, धार्मिक कार्यो, प्रचार, अनुष्ठान आदि सभी धन के बल पर ही चलते हैं। अर्थोपार्जन मनुष्य का पवित्र कर्त्तव्य है। इसी से वह प्रकृति की विपुल संपदा का अपने और सारे समाज के लिए प्रयोग भी कर सकता है और उसे संवर्द्धित व संपुष्ट भी। पर इसके लिए धर्माचरण का ठोस आधार आवश्यक है। धर्म से विमुख होकर अर्थोपार्जन में संलग्न मनुष्य एक ओर तो प्राकृतिक सम्पदा का विवेकहीन दोहन करके संसार के पर्यावरण संतुलत को नष्ट करता है और दूसरी ओर अपने क्षणिक लाभ से दिग्भ्रमित होकर अपने व समाज के लिए अनेकानेक रोगों व कष्टों को जन्म देता है। धर्म ने ही हमें यह मार्ग सुझाया है कि प्रकृति से, समाज से हमने जितना लिया है, अर्थोपार्जन करते हुए उससे अधिक वापस करने को सदैव प्रयासरत रहें।

शास्त्रों ने **अर्थ** को मानव की सुख-सुविधाओं का मूल माना है। धर्म का भी मूल, अर्थ है (चाणक्यसूत्र १/२)। सुख प्राप्त करने के लिए सभी अर्थ की कामना करते हैं। इसलिए आचार्य कौटिल्य त्रिवर्ग में अर्थ को प्रधान मानते हुए इसे धर्म और काम का मूल कहा है। भूमि, धन, पशु, मित्र, विद्या, कला व कृषि सभी अर्थ की श्रेणी में आते हैं। इनकी संख्या निश्चित करना सम्भव नहीं है क्योंकि यह मानव जीवन की आवश्यकताओं पर निर्भर करती है। मनुष्य स्वभावतः कामना प्रधान होता है, यह कहना भी गलत नहीं होगा वह कामनामय होता है। इन सभी कामनाओं की पूर्ति का एक मात्र साधन अर्थ है। आचार्य वात्स्यायन 'अर्थ' को परिभाषित करते हुए विद्या, सोना, चाँदी, धन, धान्य गृहस्थी का सामान, मित्र का अर्जन एवं जो कुछ प्राप्त हुआ है या अर्जित हुआ है उसका वर्धन सब अर्थ है। (विद्या भूमि हिरण्य पशुधान्य भाण्डोपस्कर मित्त्रादि नामार्जन मर्जितस्य विवर्धनमर्थः।)

कामः

महर्षि वात्स्यायन के अनुसार,

श्रोत्रत्ववक्षुर्जिह्वा ध्राणानामात्म संयुक्ते नमन साधिष्ठितानां स्वेषु स्वेषु विषयेष्जानुकूल्यतः प्रवृतिः कामः।

स्पर्शविशेषविषयात्तवस्यामिमानिकसुखानुविद्धा।

फलवत्यर्थप्रलीतिःप्राधान्यात्कामःतंकामसूत्रान्नगरिकजनसमवियच्च प्रतिपद्येत।

एषां समवाये पूर्वः पूर्वो मरियान् अर्थस्व राज्ञः।

तन्मूलवाल्लोकयात्रायाः। वेश्यायाश्वेतित्रिवर्गप्रतिपत्तिः।

अर्थात् काम ज्ञान के माध्यमों का उल्लेख करते हुये कहा गया है कि आत्मा से संयुक्त मन से अधिष्ठित तत्व, चक्षु, जिव्हा, तथा ध्राण तथा इन्द्रियों के साथ अपने अपने विषय–शब्द, स्पर्श, रूप, रस, तथा गंध में अनुकूल रूप से प्रवृत्ति 'काम' है। इसके अलावा स्पर्श से प्राप्त अभिमानिक सुख के साथ अनुबद्ध फलव्रत अर्थ प्रीतति काम कहलाता है। इसके अलावा अर्थ, धर्म तथा काम की तुलनात्मक श्रेष्ठता का प्रतिपादन करते हुये कहा गया है कि त्रिवर्ग समुदाय में पर से पूर्व श्रेष्ठ है। काम से श्रेष्ठ अर्थ है तथा अर्थ से श्रेष्ठ धर्म है। परन्तु व्यक्ति व्यक्ति के अनुसार यह अलग–अलग होता है। माद्यवाचार्य के अनुसार विषयभेद के अनुसार काम दो प्रकार का होता है। इनमें से प्रथम को सामान्य काम कहते हैं। जब आत्मा की शाब्दिक विषयों के भोगने की इच्छा होती है तो उस समय आत्मा का प्रयत्न गुण उत्पन्न होता है। अर्थात आत्मा सर्वप्रथम मन से संयुक्त होती है तथा मन विषयों से। स्रोत, त्वच, चक्षु, जिव्हा तथा ध्राण इन्द्रिय की क्रमशः स्पर्श, रूप, रस, गन्ध में प्रवृत्त होते हैं। काम की इस प्रकृति में न्याय वैशेषिक मत अधिक झलकता है। इसके अनुसार शब्दादि विषयणी बुद्धि ही विषयों के भोग के स्वभाव वाली बुद्धि ही विषयों के भोग वाली स्वभाव वाली होने के कारण उपचार से कम कही जाती है। अर्थात् आत्मा बुद्धि के द्वारा विषयों को भोगता हुआ सुख को अनुभव करता है। जो सुख है, सामान्य रूप से वही काम है।

मोक्षः

आत्मा को अमर कहा गया है। यह एक नित्य अनादि तत्व है जो बंधन अथवा मुक्ति (मोक्ष) की अवस्था में रहती है। बुद्ध अवस्था में इसे

अपने कर्मों के अनुसार इसी जन्म अथवा अगले जन्मों में कर्मफल भोगने पड़ते हैं। मनुष्य के अलावा सभी शरीर मात्र भोग योनि हैं, मानव शरीर कर्म योनि है। योगी सद्‌गुरु के मार्गनिर्देशन में 'विकर्म' द्वारा अपने शुभ-अशुभ कर्मों से ऊपर उठ जाता है और शरीर रहते ही परमात्मा की प्राप्ति कर लेता है। इसे ही योग (आत्मा एवं परमात्मा का मिलन) कहा गया है। अब वह अकर्म की स्थिति में है और इस शरीर में प्राप्त प्रारब्ध भोग को समाप्त कर लेने के बाद वह अपने शरीर से विदेहमुक्त हो जाता है। उसे अब नया जन्म नहीं लेना पड़ता, वह बंधन से मुक्त हो जाता है। मोक्ष को प्राप्त कर लेना ही आत्मा का मुख्य उद्देश्य है जो कि मानव जीवन की सबसे बड़ी उपलब्धि है।

१२. आदर्श जीवन शैली

स्वयं जीना पशुता है और दूसरों को भी जीने देना ही धर्म है। यही मानव धर्म का मूलमंत्र है। सात्विकता तथा आदर्शों के बिना हिन्दू के लिये जीवन व्यर्थ होता है। हिन्दू जीवन के संस्कारों की आधारशिला बचपन से ही माता-पिता घर के वातावरण में रख देते हैं तथा उसी दिशा में व्यक्तित्व का विकास जीवन पर्यन्त चलता रहता है। हिन्दू धर्म में कुछ मानवीय मर्यादाओं को जीवन पद्धति के रूप में पिरोया गया है ताकि उसी दिशा में व्यक्तित्व का विकास निरन्तर चलता रहे। प्रथम गुरु के नाते माता अपने शिशु को आदर्शवादी वीरों की कहानियाँ सुना कर उसे भी आदर्शवादी वीर बनने की प्रेरणा देती है। पशु पक्षियों से प्रेम करना, पेड़ पौधों की रक्षा करना, अपने से बड़ों का आदर करना आदि कथाओं और दृष्टान्तों द्वारा सिखाया जाता है।

माता-पिता सकारात्मिक विचारों का बीजारोपन बच्चों में अपने कुल की मर्यादाओं के अनुसार अपने घर में यम-नियम से अवगत करवा कर शुरु करते हैं जिस में खानपान, बैठना उठना भले बुरे का फर्क सभी कुछ शामिल है। यही संस्कारों की प्रथम पादान है जिस पर आगे चल कर चरित्र का दुर्ग निर्माण होता है।

मर्यादाओं के आधार-यम और नियम

हमारे ऋषियों ने जीवन के आदर्शों तथा समाज की मर्यादाओं को संक्षिप्त कर के दो सूत्रों में बाँध दिया है जिन्हें

'यम' और 'नियम' कहते हैं। बालक को यम-नियम घर के वातावरण में माता पिता के संरक्षण में प्रत्यक्ष क्रिया से सिखाये जाते हैं जो बालक के मानवी विकास की दिशा में प्रथम पादान है। उन्हीं की आधारशिला पर जीवन का निर्माण आरम्भ होता है।

यम–यम आदर्शवाद के सामाजिक सिद्धान्त हैं। यदि इन का पालन दैनिक जीवन की प्रत्येक क्रिया में किया जाये तो चाहे हम किसी भी स्थान पर रहैं और किसी भी धर्म के अनुयायी हों, हमारे जीवन में तथा समाज में अधिकतर समस्यायें पैदा ही नहीं होंगी, ना ही जीवन में कोई तनाव या हताशा उपजे गी। यम समाज कल्याण के लिये मानवीय मूल्यों के निम्नलिखित पाँच सिद्धान्त हैं–

अहिंसा–अहिंसा से तात्पर्य है कि किसी भी जीव को मन से, वचन से तथा कर्म से दुःख ना दिया जाय तथा उस की इच्छा के विरुद्ध उस से कुछ भी ना करवाया जाये। उस के ऊपर कोई प्रतिबन्ध ना लगाया जाये। अहिंसा का सिद्धान्त ही जियो और जीने दो का मूल मन्त्र है। किन्तु यदि अहिंसा की भावना कर्तव्य पालन में बाधा डाले तो वही अहिंसा कायरता बन जाती है जिस का त्याग करना चाहिये।

सत्य–सत्य का तात्पर्य है कि हम अपनी सभी क्रियाओं में, लेन-देन में, बोल-चाल में सत्यता पर अडिग तथा कभी भी मन से, वचन से, कर्म से झूठ और छलावे का आश्रय ना लें। किन्तु यह ना भूलें कि कभी कभी झूठ

के बोझ तले दबाये गये सत्य को बाहर निकाल कर मनवाने के लिये शक्ति की आवश्यकता भी पड़ती है।

अस्तेय—अस्तेय का तात्पर्य है कि हम दूसरों के साधनों को हडपने की चेष्टा, इच्छा या प्रयत्न कभी ना करें और अपने निजी सुखों को निजी साधनों पर ही आधिरित रख कर संतुष्ट रहैं। अपनी चादर के अनुसार ही पाँव फैलायें किन्तु इस का यह अर्थ भी नहीं कि हम अपने साधनों को ही गँवा बैठें या परिश्रम से उन में वृद्धि ना करें।

ब्रह्मचर्य—ब्रह्मचर्य से तात्पर्य है कि हम अपनी सभी इन्द्रियों पर नियन्त्रण रख कर प्राकृतिक जीवन जियें। उन सभी विचारों, क्रियाओं तथा वस्तुओं का प्रयोग जीवन में कभी ना करें जो अप्राकृतिक तथा निजी कर्तव्यों से विमुख होने के लिये प्रेरित करने वाली हौं। ब्रह्मचर्य का पालन आयु पर्यन्त करना होता है।

अपरिग्रह—अपरिग्रह का तात्पर्य है कि हम अपनी निजि आवश्यक्ताओं को भी नियन्त्रण में रखें तथा भौतिक वस्तुओं से अधिक मोह ना करें। इच्छाओं को नियन्त्रण में रखें, अन्यथा पूरा जीवन वस्तुओं को चाहने, जुटाने तथा संग्रह करने में ही व्यतीत हो जाये गा। जीवन जितना सादगी भरा होगा उतना ही सुखदायक भी होगा। देखने में यह सिद्धांत बहुत साधारण से दिखते हैं किन्तु यदि विचार करें तो हमारे जीवन के शत प्रतिशत कष्ट और तनाव तभी आते हैं जब स्वार्थ वश हम इन सिद्धान्तों का उल्लंघन करते हैं या दूसरे लोग हमारे प्रति इन सिद्धान्तों का पालन नहीं करते। यदि सभी लोग इन सिद्धान्तों को स्वेच्छा से अपना लें तो समस्त समाज सुखमय बन सकता है। माता पिता स्वयं उदाहरण बन कर यदि अपनी संतान में इस प्रकार के संस्कारों का बीजारोपण करें तो जीवन में हताशा निराशा कभी नहीं आए गी।

नियम—यमों का दैनिक जीवन शैली में पालन करना आवश्यक है जिस के लिये संकल्प तथा अनुशासन जरूरी है। अनुशासन स्वेच्छित होना चाहिये। अत: निरन्तर अभ्यास के लिये नियम बनाये गये हैं जिन का पालन माता पिता तथा प्राथमिक गुरू के सानिध्य में हो सके और नियम जीवन की दैनिक

दिनचर्या का ही हिस्सा बन जायें। अनुशासित मानवीय जीवन के लिये पाँच नियम इस प्रकार हैं।

शौच–शौच का सम्बन्ध स्वच्छता से है। मानव को अपना शरीर, निवास, कार्यशाला, पर्यावरण साफ रखने चाहियें। इन के अतिरिक्त अपने विचार, मन, वाणी तथा आचरण को भी स्वच्छ रखना चाहिये। पर्यावरण से विचार, विचारों से क्रियायें, तथा क्रियाओं से प्रतिक्रियायें जन्म लेती हैं। स्वच्छता के बिना जीवन दूषित हो जाता है।

संतोष–संतोष से तात्पर्य है कि मानव अपनी इच्छाओं तथा आकाँक्षाओं पर नियन्त्रण रखे। उन की पूर्ति जहाँ तक निजी सामर्थ्य से हो सके उसी पर संतोष करे। इस का यह अर्थ कदापि नहीं कि हम कर्म करना ही छोड़ दें। कर्म अवश्य करे परन्तु यदि वाँछित फल ना मिले तो हताश होने के बजाय संतोष पूर्वक कर्म करते रहें।

तप–तप से तात्पर्य है कि मानव अपने लक्ष्य की प्राप्ति के लिये कठिन से कठिन परिश्रम से ना हिचकिचाये। जीवन में कठिनाईयाँ झेलने की क्षमता तप से ही आती है। किसी क्रिया को बार बार करते रहना, इन्द्रियों के ऊपर नियन्त्रण करते हुये कड़ा परिश्रम करते रहना ही तप कहलाता है। भूख पर उपवास से, वाणी पर मौन वृत से, भावनाओं पर ब्रह्मचर्य और शरीरिक विपदाओं पर योग साधना से ही विजय पायी जाती है। तप स्वेच्छा से ही किया जाता है। जो मानव अपने आप पर नियन्त्रण कर लेता है वही सर्वत्र विजयी होता है।

स्वाध्याय–स्वाध्याय से तात्पर्य है कि बचपन से ही अपने विकास की ओर हम स्वयं प्रेरित हो तथा जिज्ञासु बनें। ज्ञान प्राप्ति के लिये स्वयं यत्न करे। गुणी, शिक्षित और सदाचारी लोगों का संग और उन का अनुसरण करें।

ईश्वरीय प्राणिधाना–ईश्वरीय प्राणिधाना से तात्पर्य है कि मानव सर्वथा गर्वरहित रहे। अपने कर्मों तथा उपलब्धियों को ईश्वरीय शक्ति के आधीन ही समझें।

भारतवासी कानवेन्ट स्कूलों की चकाचौंध से बहुत प्रभावित रहते हैं लेकिन सोच कर देखें तो उन स्कूलों में भी भारतीय यम नियम ही 'मोरल साईस' के नाम से सिखाये जाते हैं। अन्तर यह है कि वहाँ ब्रह्मचर्य पर विशोष महत्व नहीं दिया जाता और यही पाश्चात्य जगत में मानसिक तनाव का मुख्य कारण है। विध्यार्थी जीवन से ही जब ब्रह्मचर्य का खण्डन, ड्रग्स, नशीले पदार्थ, समलैंगिक्ता, लिविंग इन रिलेशनशिप्स, गर्भ निरोधक, अनैतिक गर्भपात, और हिंसा आदि जीवन में बेतहाशा प्रवेश कर जाते हैं तो जीवन नकारात्मिक दिशा में चल पडता है। केवल निराश और हताशा जीवन के साथ चल पडती हैं।

यम तथा नियम किसी विशेष धर्म, जाति, या देश के लिये नहीं–अपितु समस्त मानव कल्याण के लिये हैं। यदि उन का पालन किया जाये तो कोई विद्यार्थी हताश हो कर आत्महत्या नहीं करे गा, ना ही कोई व्यस्क जीवन में तनाव और मानसिक-हीनता का शिकार होगा। यम-नियम का पालन करने वाले के कदम किसी भी परिस्थिति में नहीं डगमगायें। यम-नियम के निरन्तर अभ्यास से निम्नलिखित व्यक्तिगत गुण अपने आप ही विकसित होने लगते हैं जो सफल और सुखमय जीवन के लिये अत्यन्त आवश्यक हैं–

धृति–अपने लक्ष्य पर अडिग रहने की क्षमता।

दया–मानव में दूसरों के प्रति संवेदना तथा दूसरों को भी जीने देने की भावना।

अर्जवा–सामाजिक सम्बन्धों में इमानदारी बरतने का साहस।

मिताहार–स्वस्थ तथा सुखी जीवन का मूल मंत्र।

हरि–अपने दोषों से सीख लेना निजी विकास की प्रथम पादान है।

दान–दूसरों के दुख तथा अपने सुखों को दूसरों के साथ बाँटनें की भावना।

आस्तिक्य–जीवन में निराशा मिटा कर आत्मविश्वास भरने का गुण।

मति–तथ्यों, विचारों, कर्मों तथा निर्णयों का सूक्ष्म विशलेण करने का गुण।

वृतः–वृत पालन और संकल्प को दृढता से क्रियावन्त करने की क्षमता।

जप–तथ्यों के सूक्षम ज्ञान को समर्ण रखने की क्षमता।

धैर्य–प्रतिकूल प्रतिस्थितियों में कृतसंकल्प रहने की क्षमता।

क्षमा–बदला लेने की परवर्ति तथा संकीर्णता से छुटकारा पाने की क्षमता।

अपने जीवन को संतुलित बनाना सीखें

हमारे जीवन में निरंतर कई तरह की लड़ाईयां चलती रहती हैं; पारिवारिक और व्यवसायिक, शांति और कलह, आदि। हम किसी में निपुण नहीं हो सकते लेकिन इसे हम कैसे संभालते हैं यह हमारी सफलता को सुनिश्चित करती है।

असफलता से मत डरो

एक प्रसिद्ध उक्ति है कि असफलता का मतलब है कि सफलता का प्रयास पूरे मन से नहीं किया गया। असफलता किसी काम को दुबारा शुरू करना का एक मौका देता है कि उसी काम को और भी अच्छे तरीके से किया जाय।

कर्मठ बनो

कुछ लोग ऐसे होते हैं तो गोल तो बड़ा सेट कर लेते है लेकिन उसके अनुरूप कर्म नहीं करते है जिससे वे सफल नहीं हो पाते हैं। सफल होने के लिए, गोल के हिसाब से मेहनत करनी पड़ती है।

विवाद से बचें

आपके दैनिक जीवन में कई तरह के लोग आते हैं। यह बहुत आवश्यक है कि आप लोगों के साथ कैसे डील करते हैं। किसी तरह का विवाद आपके सफलता के पथ का रोड़ा साबित होगा।

नए विचारों, नयी योजनायें अपनाने में घबराएँ नहीं

नए विचार नयी क्रांति को जन्म देती है। नए विचार, नयी योजनायें सफलता की धुरी होते हैं। मन में यह विश्वास जरूर होना चाहिए कि मैंने जो सपना देखा है उसे मैं पूरा कर सकता हूँ।

जीवन में संघर्ष का योगदान

संघर्ष के बिना जीवन में आनन्द नहीं है। जो संघर्ष नहीं करते है वे घर पर ही बैठे रहते है। आगे बढ़ने के लिए कठिन मार्ग चुनना पड़ता है। तभी तो चाणक्य चंद्रगुप्त मौर्य से कहता है कि किसी भी कार्य को करने के दो मार्ग होते है। सरल मार्ग मंजिल पर ले जाता है। लेकिन कठिन मार्ग धीरे पहुँचाता है लेकिन निश्चित पहुँचाता है। यह नए अनुभवों के साथ पहुँचाता है।

जीवन में संघर्ष का योगदान

जीवन में कमजोर वहीं रह जाता है जिसने कभी कठिनाईयाँ न देखी हो। वह जीवन के सभी रंग नहीं देख पाता है। व्यक्ति अपनी सुख की दुनिया में रहने से अपनी सुप्त शक्तियों को जगा नहीं पाता है। जैसा कि हम जानते है कि तितली के कीड़े को यदि तितली बनने के उपक्रम में मदद करने पर वह मर जाता है। वह स्वयं से संघर्ष करने पर ही स्वस्थ तितली बनती है।

अहम है जरूरी, पर.

हम सभी ने सुना है कि बिना रीढ़ का आदमी नहीं होता। यानी अहम होना जरूरी है, लेकिन अहम के भाव में दूसरों से खुद को ऊपर या बेहतर समझना गलत है। साथ ही कई बार यह अहम ही हमारी असफलता का कारण भी बनता है। एक छात्र को अपनी पढ़ाई को लेकर और एक पेशेवर को अपने कौशल को लेकर अति संतुष्ट भी नहीं होना चाहिए । परिस्थितियां कब, क्या सवाल सामने ला खड़ा करें, हममें से यह कोई नहीं जानता।

अपनी सोच को हमेशा सकारात्मक रखें

जो व्यक्ति अपनी सोच को, अपनी मानसिक दशा को हमेशा रखता है उसे सफल होने से कोई भी नहीं रोक सकता। ज्यों हम नकारात्मक सोचते हैं

हम अपने हवंस से दूर होते जाते हैं। कभी-कभी हम जब सफलता की राह पर अग्रसर होते हैं तो कुछ निराशात्मक बातें हमारे सामने आतीं हैं अगर हम उन बातों पर ध्यान न देकर सिर्फ अपनी लक्ष्य के बारे में सोचते हैं तो हमें सफलता जरूर मिलती है।

अपने अंतर्मन की सुनिए और पालन कीजिए

जब भी हम कोई काम करते हैं, हम अपने आप से बातें करते हैं। हमें हमेशा अपने मन की सुनकर ही निर्णय करना चाहिए।

१३. आदर्श परम्पराएँ

हमारे रीति रिवाज, धार्मिक कार्य या कोई भी संस्कार योग्य कार्य का कोई न कोई वैज्ञानिक कारण है। इन मान्यताओं एवं आस्थाओं का वैज्ञानिक आधार हमारे महर्षियों द्वारा पूर्व में अनुसंधान द्वारा निर्धारित किया जा चुका है।

नीचे कुछ वैज्ञानिक प्रमाणों के उदाहरण दिए गए हैं जो हिंदू धर्म की एक स्पष्ट तस्वीर प्रदर्शित करता है यह एक बहुत ही वैज्ञानिक धर्म है. हिंदू धर्म के कई अन्य प्रमाण हैं जिसमें हम सभी हैं विज्ञान, रसायन, चिकित्सा, खगोल विज्ञान, गणित, जीवविज्ञान आदि क्षेत्रों में अन्य सभी कितने विकसित थे।

१. जनेऊ धारण करने का वैज्ञानिक आधार क्या हैं?

हिंदू धर्म में पहले के समय की बात करें तो शिक्षा ग्रहण करने से पहले यज्ञोपवीत होता था। पूर्व में बालक की उम्र आठ वर्ष होते ही उसका यज्ञोपवित संस्कार कर दिया जाता था। जनेऊ पहनने का हमारे स्वास्थ्य से सीधा संबंध है। विवाह से पूर्व तीन धागों की तथा विवाहोपरांत छह धागों की जनेऊ धारण की जाती है। पूर्व काल में जनेऊ पहनने के पश्चात ही बालक को पढ़ने का अधिकार मिलता था। यज्ञोपवीत धारण करने के वैज्ञानिक आधार भी हैं। आयुर्वेद के अनुसार, यज्ञोपवीत धारण करने से इंसान की उम्र लंबी, बुद्धि तेज और मन स्थिर होता है। जनेऊ धारण करने से व्यक्ति बलवान, यशस्वी, वीर और पराक्रमी होता है। मल–मूत्र विसर्जन के पूर्व जनेऊ को कानों पर कस कर दो बार लपेटना पड़ता है। इससे कान के पीछे की दो नसें जिनका संबंध पेट की आंतों से है। आंतों पर दबाव डालकर उनको पूरा खोल देती है। जिससे मल विसर्जन आसानी से हो जाता है तथा कान के पास

ही एक नस से ही मल-मूत्र विसर्जन के समय कुछ द्रव्य विसर्जित होता है। जनेऊ उसके वेग को रोक देती है, जिससे कब्ज, एसीडिटी, पेट रोग, मूत्रेन्द्रीय रोग, रक्तचाप, हृदय रोगों सहित अन्य संक्रामक रोग नहीं होते। जनेऊ पहनने वाला नियमों में बंधा होता है। वह मल विसर्जन के पश्चात अपनी जनेऊ उतार नहीं सकता। जब तक वह हाथ पैर धोकर कुल्ला न कर ले। अतः वह अच्छी तरह से अपनी सफाई करके ही जनेऊ कान से उतारता है। यह सफाई उसे दांत, मुँह, पेट, कृमि, जीवाणुओं के रोगों से बचाती है। जनेऊ का सबसे ज्यादा लाभ हृदय रोगियों को होता है।

२. ग्रहण काल में भोजन ग्रहण न करने का वैज्ञानिक आधार क्या हैं?

प्रत्येक वर्ष लगभग कम से कम पाँच ग्रहण होते हैं। सूर्य ग्रहण और चंद्र ग्रहण को लेकर अनेक प्रकार के नियम और मान्यताएँ हैं। इस अवधि काल में यह माना जाता है कि इस समय भोजन नहीं करना चाहिए, शयन नहीं करना चाहिए और साधना आदि विषयों में मन लगाना चाहिए। इस मान्यता का वैज्ञानिक आधार तलाशने पर हम यह पाते हैं कि ग्रहण के दौरान पराबैंगनी वायुमंडल में उत्सर्जित होती है, जिससे भोजन विषैला होने की पूर्ण संभावना रहती है। ग्रहण काल की किरणों का आँख के रैटिना पर विनाशकारी असर पड़ता है इसलिए हिन्दू धर्म में इसे देखने की मनाही की गई है। ग्रहण के दौरान सूर्य या चन्द्र के प्रतिबिम्ब को जल में देखने से दुःख की प्राप्ति होती है।

३. गाय को माता का स्वरुप मानने का वैज्ञानिक आधार क्या हैं?

भारतीय संस्कृति में पुरातन काल से ही गाय को माता का स्थान दिया गया है। यह माना जाता कि गाय का मुख भाग अपवित्र है, लेकिन गाय के पीठ के बाद का भाग परम पवित्र हैं। यही कारण कि गोमूत्र, दूध व गोबर को पवित्र और शुद्ध माना जाता है। गाय के दूध, गोबर और गोमूत्र से अनेक असाध्य रोगों के चिकित्सा कार्यों में औषधि के रुप में प्रयोग किया जाता है। आज इसकी पुष्टि वैज्ञानिकों ने भी कर दी हैं कि गाय के दूध में प्रोटीन एवं अनेक विटामिन्स अन्य दूध की अपेक्षा अधिक है। इस दूध में यकृत एवं प्लीहा के रोगों को दूर करने की क्षमता सामान्य से अधिक रहती है। इसी

प्रकार हर शुभ कार्य का प्रारंभ गोबर लीपने से प्रारंभ होता है। वैज्ञानिकों ने माना गोबर में कीटाणुनाशक फास्फोरस तत्वों की अधिकता है। इसी क्रम में गाय से प्राप्त पाँचों सार अर्थात दूध, धृत, दही, गौमूत्र और गोबर के समिश्रण पंचद्रव्य के रूप में अमृत रूप में सनातन मान्यता प्रचलित है।

४. ब्रह्म मुहूर्त का वैज्ञानिक आधार क्या हैं?

रात्रि का आखिरी प्रहर ब्रह्म मुहूर्त कहलाता हैं। सरल शब्दों में यह सूर्योदय से ठीक पूर्व का समय होता है। ज्योतिष शास्त्र के अनुसार यह सबसे अच्छा मुहूर्त माना जाता है। ब्रह्म मुहूर्त में उठने से सौंदर्य, बल, विद्या, बुद्धि और स्वास्थ्य की प्राप्ति होती है। ब्रह्म मुहूर्त के विषय में एक वैज्ञानिक सोच जुड़ी हैं। वैज्ञानिकों के अनुसार इस समय में वायुमंडल में प्रदूषण सबसे कम होता हैं। शोध यह भी कहता है कि इस समय में वायु में ऑक्सीजन की मात्रा सबसे ज्यादा होती हैं। स्वास्थ्य के पक्ष से यह वायु सबसे अधिक उत्तम मानी गई है। यही वजह है कि इस समय में उठकर घूमने से शरीर में संजीवनी शक्ति का संचार होता है। इसके अलावा यह समय अध्ययन के लिए भी सर्वोत्तम बताया गया है, क्योंकि रात को आराम करने के बाद सुबह जब हम उठते हैं तो शरीर तथा मस्तिष्क में भी स्फूर्ति व ताजगी बनी रहती है।

५. पीपल के वृक्ष की पूजा का वैज्ञानिक आधार क्या हैं?

ज्योतिष शास्त्र और हिन्दू धर्म में पीपल के पेड़ की पूजा का विधि-विधान है। यह माना जाता कि पीपल के पेड़ में ब्रह्म देवता निवास करते हैं। पीपल के पेड़ के बारे में वैज्ञानिक अनुसंधान यह कहते हैं कि यह एकमात्र वृक्ष है, जो दिन और रात दोनों समय में आक्सीजन का विसर्जन करता है। यह वातावरण / वायुमंडल को शुद्ध करने का कार्य करता हैं। इसके विपरीत अन्य सभी वृक्ष कार्बनडाइआक्साइड का विसर्जन करते हैं। आयुर्वेदिक शास्त्र में भी पीपल के पेड़ के पत्ते, छाल एवं फल सभी रोगनाशक है। पीपल के वृक्ष का प्रत्येक भाग किसी न किसी रुप में प्रयोग होता हैं। ज्योतिष शास्त्र के अनुसार पीपल के पेड़ की पूजा उपासना से शनि जनित दोषों का शमन होता है। लाल किताब के अनेक टोटकों में भी पीपल के पेड़ का प्रयोग किया जाता है।

६. तुलसी के पौधों को विशेष स्थान का वैज्ञानिक आधार क्या हैं?

भारतीय संस्कृति में तुलसी के पौधे का बहुत महत्व है और इस पौधे को बहुत पवित्र माना जाता है। यही कारण है कि इसे घर के आँगन में स्थान दिया गया हैं। इसके पौराणिक महत्व और औषधीय महत्व को देखते हुए इससे देवी का दर्जा दिया गया है। देवताओं को अर्पित भोग प्रसाद बिना तुलसी पत्र के नहीं चढ़ता है। मरणासन्न प्राणी के अंतिम समय में गंगाजल के साथ तुलसी पत्र दिया जाता है। तुलसी का पौधा एक दिव्य औषधि पौधा है। इसमें असाध्य एवं संक्रामक बीमारियों को रोकने की क्षमता है। तुलसी के मंजरियों की विशेष खुशबू से विषधर सांप नहीं आते हैं। आखिर इस पौधे को इतना महत्व क्यों दिया गया है, जब इसका विश्लेषण वैज्ञानिकों ने किया तो पाया कि तुलसी का पौधा अपने आयुर्वेदिक गुणों के कारण अपना विशेष महत्व रखता है। प्रतिदिन चार पत्तियाँ तुलसी की सुबह खाली पेट ग्रहण करने से मधुमेह, रक्त विकार, वात, पित्त आदि दोष दूर होने लगते हैं। मां तुलसी के समीप आसन लगा कर यदि कुछ समय हेतु प्रतिदिन बैठा जाये तो श्वांस के रोग अस्थमा आदि से जल्दी छुटकारा मिलता है। घर में तुलसी के पौधे की उपस्थिति एक वैद्य समान तो है ही यह वास्तु के दोष भी के दूर करने में सक्षम है। इसका उपयोग सर्दी, जुकाम, खाँसी, दंत रोग और श्वास संबंधी रोग के लिए बहुत ही फायदेमंद माना जाता है।

७. हिन्दू धर्म में मूर्ति पूजा का वैज्ञानिक आधार क्या हैं?

हिन्दू धर्म में मूर्ति पूजा का विधि-विधान हैं। यह माना जाता है कि चंचल मन को एकाग्रचित्त रखने के लिए साक्षात साकार रुप की धारणा को महत्व दिया गया हैं। उन्नति, ज्ञान और सदमार्ग तक पहुँचने के लिए मन सुस्थिर होना आवश्यक हैं। ईश्वर की प्राप्ति के लिए ईश्वर के साकार रुप की पूजा-उपासना को सबसे सहज मार्ग कहा गया हैं। जैसे: माता के चित्र को देखकर वात्सल्य की भावना स्वत: ही जागृत हो जाती है। यह माना जाता है कि मूर्ति पूजा तो बीज हैं, जब बीज से अंकुरण हो जाता है तो बीज स्वत: ही मिट जाता हैं। बीज जब मिटता है तभी तो अंकुरण होगा, मूर्ति में नारायण को देखने के बाद मूर्ति का अस्तित्व नहीं रहता हैं। नारायण की प्राप्ति के लिए

मूर्ति पूजन मार्ग 'साधन' का कार्य करती है। इसे इस प्रकार भी समझा जा सकता है कि जैसे किसी घर की छत पर जाने के लिए सीढ़ी सहज मार्ग है उसी प्रकार, मूर्ति की उपासना ईश्वरीय शक्ति तक पहुँचने का सहज मार्ग हैं।

८. हाथ जोड़कर नमस्कार करना हिंदू धर्म की प्राचीन परंपरा और सभ्यता है।

हाथ जोड़कर नमस्कार करना हिंदू धर्म की प्राचीन परंपरा और सभ्यता है। दोनों हाथों को जोड़कर नमस्कार करने से आप सामने वाले को सम्मान भी देते हैं साथ ही इस क्रिया के वैज्ञानिक महत्व के कारण आपको शारीरिक लाभ भी मिल जाता है। जब हम दोनों हाथों को आपस में जोड़ते हैं तो हमारी हथेलियों और उंगलियों के उन बिंदुओं पर दबाव पड़ता है जो आँख, नाक, कान, दिल आदि शरीर के अंगों से सीधा संबंध रखते हैं। इस तरह दबाव पड़ने को एक्वा प्रेशर चिकित्सा भी कहते हैं।

इस तरह नमस्कार करने से हम सामने वाले के स्पर्श में भी नहीं आते हैं, जिससे किसी प्रकार के संक्रमण का खतरा भी नहीं रहता है।

९. पुराने समय में तांबे के सिक्के पानी में क्यों डालते थे।

पुराने समय में तांबे के सिक्के हुआ करते थे जिनकी जगह आज स्टेनलैस स्टील के सिक्कों ने ले ली है। तांबा पानी को शुद्ध करता है। इसलिए पुराने में समय में नदियां में तांबे के सिक्के इसलिए डाले जाते थे, क्योंकि ज्यादातर नदियां ही पीने के पानी का श्रोत हुआ करती थीं।

१०. दोनों भौहों के बीच माथे पर क्यों तिलक लगाते हैं?

दोनों भौहों के बीच माथे पर तिलक लगाने से उस बिंदू पर दवाब पड़ता है जो हमारे तंत्रिका तंत्र का सबसे खास हिस्सा माना जाता है। तिलक लगाने से इस खास हिस्से पर दबाव पड़ते ही ये सक्रिय हो जाता है और शरीर में नई ऊर्जा का संचार होने लगता है। तिलक लगाने से एकाग्रता में बढ़ोतरी होती है। चेहरे की मांसपेशियों में रक्त का संचार भी सही से होता है।

११. मंदिर में घंटे या घंटियाँ बजने का भी वैज्ञानिक कारण

मंदिर में घंटे या घंटियाँ होने का भी वैज्ञानिक कारण है। घंटे की आवाज कानों में पड़ते ही आध्यात्मिक अनुभूति होती है। इससे एकाग्रता में बढ़ोतरी होती है और मन शांत हो जाता है। शास्त्रों में कहा गया है कि घंटे की आवाज बुरी आत्माओं को मंदिर से दूर रखती है। घंटे की आवाज भगवान को प्रिय होती है। जब हम मंदिर में घंटा बजाते है तो करीब सात सेकेंड तक हमारे कानों में उसकी प्रतिध्वनि गूंजती है। माना जाता है कि इस दौरान घंटे की ध्वनि से हमारे शरीर में मौजूद सुकून पहुँचाने वाले सात बिंदू सक्रिय हो जाते हैं और नाकारात्मक ऊर्जा शरीर से बाहर हो जाती है।

१२. थाली में मसालेदार व्यंजन और मिठाई एक साथ क्यों परोसी जाती है?

भारतीय थाली में मसालेदार व्यंजन और मीठाई एक साथ परोसी जाती है लेकिन मिठाई का सेवन हमेशा खाने के आखिरी में किया जाता है। कहा जाता है कि पहले मसालेदार खाने से शरीर के पाचन तंत्र के लिए जरूरी पाचक रस और अम्ल सक्रिय होते हैं। फिर मिठाइयों के सेवन से पाचक क्रिया नियंत्रित हो जाती है।

१३. भारतीय संस्कृति में धरती पर बैठकर भोजन करने की परंपरा है।

भारतीय संस्कृति में धरती पर बैठकर भोजन करने की परंपरा है। इसका वैज्ञानिक कारण ये कि जब हम धरती पर दोनों पैर मोड़कर बैठते हैं तो इस अवस्था को सुखासन या अर्ध पदमासन कहते हैं। इस प्रकार बैठने से दिमाग की उन धमनियों को सकारात्मक संदेश पहुँचता है जो पाचन तंत्र से जुड़ी होती हैं।

१४. हम उत्तर दिशा में सिर करके क्यों नहीं सोते हैं?

मानव शरीर का भी अपना एक चुंबकीय क्षेत्र होता है। विज्ञान के अनुसार पृथ्वी भी एक प्रकार का बड़ा चुंबक ही है। जब हम उत्तर दिशा में सिर करके सोते हैं तो पृथ्वी के चुंबकीय बल से मानव शरीर का चुंबकीय बल ठीक बिपरीत होता है। इससे हमारे हृदय पर ज्यादा जोर पड़ने लगता है।

दूसरा कारण ये है के इस प्रकार सोने से खून में मौजूद आयरन दिमाग में एकत्र होने लगता है। इससे दिमाग की बीमारियाँ होने लगती हैं।

१५. कानों के छेदन से कानों में किसी प्रकार की बीमारी नहीं होती है।

भारतीय सभ्यता में ऐसा समझा जाता है कि कानों के छेदन से कानों में किसी प्रकार की बीमारी नहीं होती है साथ ही बौद्धिकता में बढ़ातरी होती है। कान छेदने का रिवाज केवल भारत ही नहीं दुनिया भर में देखा जा सकता है। लेकिन आज के परिवेश में बहुत से लोग सुंदर दिखने के लिए कान छेदन करवा लेते हैं ताकि सुंदर-सुंदर झुमके और अन्य आभूषण पहन सकें।

१६. भारतीय संस्कृति में सुबह की शुरुआत को सूर्य नमस्कार से जोड़ा गया है।

पुराने समय से ही हमारी दिनचर्या में सुबह की अहमियत पर बल दिया गया है। इसलिए भारतीय संस्कृति में सुबह की शुरुआत को सूर्य नमस्कार से जोड़ा गया है। भारतीय लोग सूर्य को पानी से अर्घ्य देकर नमस्कार करते हैं। पानी से टकराकर सूर्य की किरणें आखों में पड़ने से आँखों की बीमारियाँ नहीं होती है। साथ ही बारह तरह के आसन एक साथ होने से शरीर बलिष्ट होता है।

१७. चोटी तंत्रिका तंत्र को सुरक्षा प्रदान करती है।

आर्युर्वेद में बताया जाता है कि सिर के जिस भाग में चोटी (शिखा) को धारण किया जाता है, वह भाग तंत्रिका तंत्र से सीधे संपर्क में होता है। चोटी इस तंत्र को सुरक्षा प्रदान करती है। इससे एकाग्रता में बढ़ोतरी होती है और शरीर को ऊर्जा मिलती है।

१८. उपवास के फायदों को विज्ञान ने भी माना है

उपवास के फायदों को विज्ञान ने भी माना है। आर्युर्वेद के अनुसार जिस प्रकार पृथ्वी के ज्यादात्तर हिस्से में पानी और कम हिस्से में ठोस जमीन है, उसी तरह मानव शरीर भी बना है। मानव शरीर 80 प्रतिशत द्रव्य और 20 प्रतिशत ठोस पदार्थों से मिलकर बना है। चंद्रमा का गुरुत्वाकर्षण बल शरीर के द्रव्य पदार्थों को प्रभावित करता है। इससे शरीर में भावनात्मक असंतुलन

पनपता है। इससे तनाव, चिड़चिड़ापन होने लगता है। विज्ञान मानती है कि उपवास इलाज के तौर पर काम करता है। इससे खतरनाक टॉक्सिन्स को दूर करने में मदद मिलती है। साथ ही मधुमेह, कैंसर और हृदय की बीमारियों से भी बचाव होता है।

१९. पैर छूना या चरण स्पर्श करना एक प्रकार की सम्मान दर्शाने वाली क्रिया है।

पैर छूना या चरण स्पर्श करना एक प्रकार की सम्मान दर्शाने वाली क्रिया है। जब हम किसी को झुककर प्रणाम करते हैं तो हमारे शरीर की नकारात्मक ऊर्जा दूर होती है। ऐसा हाथ मिलाने या गले लगने से भी होता है।

आमतौर पर, जिस व्यक्ति के पैर आप छू रहे हैं, वह बड़ा या पवित्र है. जब वे आपके सम्मान को स्वीकार करते हैं, तब दो शरीर के बीच सकारात्मक ऊर्जा का आदान प्रदान होता है। जो आपके हाथों और पैर की उंगलियों के माध्यम से आप तक पहुँचता है। संक्षेप में, पूरा सर्किट ऊर्जा के प्रवाह को सक्षम करता है और ब्रह्माण्डिीय ऊर्जा को बढ़ाता है, दो मन और दिलों के बीच त्वरित संपर्क पर स्विच करता है। एक हद तक, हैंडशेक और हग के माध्यम से सम्मान हासिल किया जाता है। हमारे मस्तिष्क से शुरू होने वाली नसें आपके पूरे शरीर में फैल जाती हैं, ये नसें या तार आपके हाथ और पैरों की उंगलियों में समा जाते हैं, जब आप अपने हाथ की उंगलियों को उनके विपरीत पैरों से जोड़ते हैं, तो एक सर्किट तुरंत बनता है और दो शरीर की ऊर्जाएं जुड़ी होती हैं, आपकी उंगलियाँ और हथेलियाँ ऊर्जा के 'रिसेप्टर' बन जाते हैं और दूसरे व्यक्ति के पैर ऊर्जा के 'दाता' बन जाते हैं।

२०. तस्वीर या मूर्ति को देखकर प्रार्थना करते हैं तो पूरा ध्यान उसी आराध्य देवी देवता के ऊपर हो जाता है।

भारत में मूर्ति पूजा के चलन का वैज्ञानिक कारण बताया जाता है। कहा जाता है कि जब हम किसी की तस्वीर या मूर्ति को देखकर प्रार्थना करते हैं तो पूरा ध्यान उसी आराध्य देवी देवता के ऊपर हो जाता है। मन एकदम एकाग्र और नियंत्रित हो जाता है। इसलिए भारत में आध्यात्मिक उन्नति के लिए मूर्ति पूजा को मानव जीवन का अहम हिस्सा बताया जाता है।

२१. नमस्ते करने के लिए दोनों हथेलियों को एक साथ जोड़ना।

हिंदू संस्कृति में लोग एक दूसरे को हथेलियों से जोड़कर अभिवादन करते हैं जिसे "नमस्कार" कहा जाता है. इस परंपरा के पीछे सामान्य कारण यह है कि दोनों हथेलियों को जोड़कर नमस्कार करने का अर्थ है सम्मान। हालाँकि, वैज्ञानिक रूप से दोनों हाथों को जोड़कर सभी उंगलियों के सुझावों को एक साथ जोड़ना सुनिश्चित करता है, जो आँखों, कानों और दिमाग के दबाव बिंदुओं को दर्शाते हैं, उन्हें एक साथ दबाने पर दबाव बिंदुओं को सक्रिय करने के लिए कहा जाता है जो हमें उस व्यक्ति को लंबे समय तक याद रखने में मदद करता है और सामने वाले व्यक्ति के कोई रोगाणु स्थानांतरित नहीं होते हैं क्योंकि हम कोई शारीरिक संपर्क नहीं बनाते हैं।

२२. नदी में सिक्के फेंकना।

इस कार्य के लिए दिया गया सामान्य तर्क यह है कि यह गुड लक लाता है. हालांकि वैज्ञानिक रूप से, प्राचीन काल में इस्तेमाल की जाने वाली अधिकांश मुद्राएँ आज के स्टेनलेस स्टील के सिक्कों के विपरीत तांबे से बनी थीं. कॉपर मानव शरीर के लिए बहुत उपयोगी धातु है। नदी में सिक्कों को फेंकना एक तरह से हमारे पूर्वजों ने सुनिश्चित किया था कि हम पानी के हिस्से के रूप में पर्याप्त मात्रा में तांबे का सेवन करें क्योंकि नदियाँ पीने के पानी का एकमात्र स्रोत थीं। यह एक रिवाज सुनिश्चित करना है कि हम सभी इस अभ्यास का पालन करें।

२३. क्यों हम भोजन तीखे के साथ शुरू करें और मीठे के साथ समाप्त करें?

हमारे पूर्वजों ने इस तथ्य पर जोर दिया है कि हमारे भोजन को कुछ मसालेदार व्यंजनों के साथ शुरू किया जाना चाहिए। इस खाने के अभ्यास का महत्व यह है कि मसालेदार चीजें पाचन रस और एसिड को सक्रिय करती हैं और यह सुनिश्चित करती हैं कि पाचन प्रक्रिया सुचारू रूप से और कुशलता से चले, मिठाई या कार्बोहाइड्रेट पाचन प्रक्रिया को नीचे खींचते हैं. इसलिए, मिठाई को हमेशा अंतिम आइटम के रूप में लेने की सिफारिश की गई थी।

२४. जमीन पर बैठकर भोजन क्यों करते हैं?

यह परंपरा सिर्फ फर्श पर बैठने और खाने के बारे में नहीं है. यह "सुखासन" स्थिति में बैठने और फिर खाने के बारे में है. सुखासन वह स्थिति है जिसे हम आमतौर पर योग आसनों के लिए उपयोग करते हैं, जब आप फर्श पर बैठते हैं, तो आप आमतौर पर क्रॉस-लेग्ड बैठते हैं सुखासन या आधा पद्मासन (आधा कमल) में, जो कि ऐसा होता है जो तुरंत शांत होने की भावना लाता है और पाचन में मदद करता है।

अल्जाइमर रोग, संज्ञानात्मक गिरावट, पार्किंसंस रोग और मस्तिष्क विकृति का कारण बन सकता है, यह भी पढ़े: किस दिशा में सिर रखकर सोना चाहिए।

२५. सुबह जल्दी सूर्य नमस्कार क्यों लगाते हैं

हिंदुओं में सूर्य भगवान को सुबह जल्दी जल चढ़ाने की परंपरा है. यह मुख्य रूप से सूर्य की किरणों को पानी के माध्यम से या सीधे उस दिन देखना आँखों के लिए अच्छा है और इस दिनचर्या का पालन करने के लिए सुबह जल्दी जागने से, हम सुबह की जीवन शैली के लिए प्रविण हो जाते हैं और सुबह का सबसे प्रभावी हिस्सा साबित होते हैं।

२६. सिर पर चोटी (तुप्पी) और शिखा रखाना

आयुर्वेद के अग्रणी सर्जन सुश्रुत ऋषि, सिर पर गुरु संवेदनशील स्थान को आदिपति मर्म के रूप में वर्णित करते हैं, जहाँ सभी तंत्रिकाओं का एक घेरा है। शिखा इस स्थान की रक्षा करती है। नीचे, मस्तिष्क में, ब्रह्मरंध्र होता है, जहाँ शरीर के निचले हिस्से से सुषुम्ना (तंत्रिका) का आगमन होता है। योग में, ब्रह्मरन्ध्र सर्वोच्च, सातवाँ चक्र है, जिसमें हजार पंखुड़ियों वाला कमल है। यह ज्ञान का केंद्र है। नोकदार शिखा इस केंद्र को बढ़ावा देने में मदद करता है और इसकी सूक्ष्म ऊर्जा को ओजस के रूप में जाना जाता है। इसके बारे में विस्तार से पढ़ें: सिर पर शिखा (चोटी) रखने के कारण।

२७. हम क्यों उपवास करते हैं?

उपवास के पीछे अंतर्निहित सिद्धांत आयुर्वेद में पाया जाता है। यह प्राचीन भारतीय चिकित्सा प्रणाली पाचन तंत्र में विषाक्त पदार्थों के संचय के रूप में कई बीमारियों के मूल कारण को देखती है। विषाक्त पदार्थों की नियमित सफाई से व्यक्ति स्वस्थ रहता है। उपवास करने से पाचन अंगों को आराम मिलता है और शरीर के सभी तंत्र साफ हो जाते हैं और ठीक हो जाते हैं। एक पूर्ण उपवास शरीर के लिए अच्छा है, और उपवास की अवधि के दौरान नींबू के रस का कभी-कभार सेवन पेट फूलने से बचाता है। चूंकि मानव शरीर, जैसा कि आयुर्वेद द्वारा समझाया गया है, 80% तरल और 20% ठोस से बना है। पृथ्वी की तरह, चंद्रमा का गुरुत्वाकर्षण बल शरीर की तरल सामग्री को प्रभावित करता है। यह शरीर में भावनात्मक असंतुलन का कारण बनता है, जिससे कुछ लोग तनावग्रस्त, चिड़चिड़े और हिंसक हो जाते हैं, उपवास एक एंटीडोज के रूप में कार्य करता है, क्योंकि यह शरीर में एसिड सामग्री को कम करता है जो लोगों को अपनी पवित्रता बनाए रखने में मदद करता है।

२८. जानें, क्यों पहनते हैं जनेऊ

1. बार-बार बुरे स्वप्न आने की स्थिति में जनेऊ धारण करने से ऐसे स्वप्न नहीं आते।
2. जनेऊ के ह्रदय के पास से गुजरने से यह ह्रदय रोग की संभावना को कम करता है, क्योंकि इससे रक्त संचार सुचारू रूप से संचालित होने लगता है।
3. जनेऊ पहनने वाला व्यक्ति सफाई नियमों में बँधा होता है। यह सफाई उसे दांत, मुँह, पेट, कृमि, जीवाणुओं के रोगों से बचाती है।
4. जनेऊ को दायें कान पर धारण करने से कान की वह नस दबती है, जिससे मस्तिष्क की कोई सोई हुई तंद्रा कार्य करती है।
5. दाएँ कान की नस अंडकोष और गुप्तेन्द्रियों से जुड़ी होती है। मूत्र विसर्जन के समय दाएँ कान पर जनेऊ लपेटने से शुक्राणुओं की रक्षा होती है।

6. कान में जनेऊ लपेटने से मनुष्य में सूर्य नाड़ी का जाग्रण होता है।
7. कान पर जनेऊ लपेटने से पेट संबंधी रोग एवं रक्तचाप की समस्या से भी बचाव होता है।
8. जनेऊ धारण करने से विद्युत प्रवाह रेखा नियंत्रित रहती है जिससे काम-क्रोध पर नियंत्रण रखने में आसानी होती है।
9. जनेऊ से पवित्रता का अहसास होता है। यह मन को बुरे कार्यों से बचाती है।
10. जनेऊ से कब्ज, एसीडीटी, पेट रोग, मूत्रेन्द्रीय रोग, रक्तचाप, हृदय के रोगों सहित अन्य संक्रामक रोग नहीं होते।

२९. कलावा पहनने के फायदे

–कलावा अथवा मौली धारण करने के दोनों पहलु है धार्मिक एवं वैज्ञानिक दोनों अति फायदेमंद व महत्वपूर्ण है। वहीं धार्मिक अवसरों पर इसे पहनने की परंपरा प्राचीन काल से चली आ रही है।

–शुभ कार्यों में मौली या रक्षा सूत्र धारण करने से भगवान की विशेष कृपा मिलती है। ये रक्षा सूत्र नकारात्मक ऊर्जा को दूर भगाता है साथ ही आपके शत्रु को परास्त करता है।

–कच्चे धागे से बना यह रक्षा सूत्र लाल के अलावा पीले या हरे रंग में भी आता है, लेकिन इसे लाल रंग में पहनना अन्य रंगों की तुलना में अधिक शुभ माना जाता है।

–अपने घर की साज-सज्जा के टुकड़ों पर कलावा बाँधने से नकारात्मक ऊर्जा का नाश होता है वही अच्छी ऊर्जा प्राप्त होती है। साथ ही इससे घर में सुख-शांति की स्थापना होती है।

३०. मंदिरों में मूर्ति के नीचे ताम्र धातु क्यों रखते हैं।

मंदिर ऐसे स्थानों पर बने होते हैं जहाँ पर उत्तर और दक्षिणीय ध्रुवों के चुंबकीय और विद्युतीय बलों के कारण सकारात्मक ऊर्जा भरपूर मात्रा में होती है। मंदिर में मुख्य मूर्ति ठीक बीच में स्थापित की जाती है। इस जगह को मूल स्थान या गर्भगृह भी कहते हैं। जहाँ मूर्ति की स्थापना होती है उस स्थान के

नीचे वैदिक मंत्रों से लिखी तांबे की धातुएं रखी जाती है। तांबा धरती के चुंबकीय बल को अपनी ओर आकर्षित करता है। इसलिए जब कोई नियमित तौर पर मंदिर में जाकर परिक्रमा करता है तो तांबे के इसी चुंबकीय प्रभाव के कारण शरीर की नकारात्मक ऊर्जा भी धीरे-धीरे सकारात्मक ऊर्जा का स्थान ले लेती है।

सिंहावलोकन

स्वभाव की गंभीरता, मन की समता, संस्कृति के अंतिम पाठों में से एक है और यह समस्त विश्व को वश में करने वाली शक्ति में पूर्ण विश्वास से उत्पन्न होती है।

अगर भारत के संदर्भ में बात की जाए तो भारत एक विविध संस्कृति वाला देश है, एक तथ्य है। कि यहाँ यह बात इसके लोगों, संस्कृति और मौसम में भी प्रमुखता से दिखाई देती है। हिमालय की अनश्वर बर्फ से लेकर दक्षिण के दूर दराज में खेतों तक, पश्चिम के रेगिस्तान से पूर्व के नम डेल्टा तक, सूखी गर्मी से लेकर पहाड़ियों की तराई के मध्य पठार की ठंडक तक, भारतीय जीवन शैलियाँ इसके भूगोल की भव्यता स्पष्ट रूप से दर्शाती है। एक भारतीय के परिधान और आदतें इसके उद्‌भव के स्थान के अनुसार अलग-अलग होते हैं।

भारतीय संस्कृति अपनी विशाल भौगोलिक स्थिति के समान अलग-अलग है। यहाँ के लोग अलग-अलग भाषाएँ बोलते हैं, अलग-अलग तरह के कपडे पहनते हैं, अलग-अलग भोजन करते हैं किंतु उनका स्वभाव एक जैसा होता है। चाहे कोई खुशी का अवसर हो या कोई दुख का क्षण, लोग पूरे दिल से इसमें भाग लेते हैं, एक साथ खुशी या दर्द का अनुभव करते हैं। एक त्यौहार या एक आयोजन किसी घर या परिवार के लिये सीमित नहीं है। पूरा समुदाय या आस-पड़ोस एक अवसर पर खुशियाँ मनाने में शामिल होता है, इसी प्रकार एक भारतीय विवाह मेल-जोल का आयोजन है, जिसमें न केवल वर और वधु बल्कि दो परिवारों का भी संगम होता है। चाहे उनकी संस्कृति या फिर धर्म का मामला क्यों न हो। इसी प्रकार दुख में भी पड़ोसी और मित्र उस दर्द को कम करने में एक महत्त्वपूर्ण भूमिका निभाते हैं।

भारतीय संस्कृति के बारे में पं. मदनमोहन मालवीय का कहना है कि "भारतीय सभ्यता और संस्कृति की विशालता और उसकी महत्ता तो संपूर्ण मानव के साथ तादात्म्य संबंध स्थापित करने अर्थात् **'वसुधैव कुटुंबकम्'** की पवित्र भावना में निहित है।

भारत का इतिहास और संस्कृति गतिशील है और यह मानव सभ्यता की शुरूआत तक जाती है। यह सिंधु घाटी की रहस्यमयी संस्कृति से शुरू होती है और भारत के दक्षिणी इलाकों में किसान समुदाय तक जाती है। भारत के इतिहास में भारत के आस-पास स्थित अनेक संस्कृतियों से लोगों का निरंतर समेकन होता रहा है। उपलब्ध साक्ष्यों के अनुसार लोहे, तांबे और अन्य धातुओं के उपयोग काफी शुरूआती समय में भी भारतीय उप महाद्वीप में प्रचलित ये, जो दुनिया के इस हिस्से द्वारा की गई प्रगति का संकेत है। चौथी सहस्राब्दि बी.सी. के अंत तक भारत एक अत्यंत विकसित सभ्यता के क्षेत्र के रूप में उभर चुका था।

संस्कृति के शब्दिक अर्थ की बात की जाए तो संस्कृति किसी भी देश, जाति और समुदाय की आत्मा होती है। संस्कृति से ही देश, जाति या समुदाय के उन समस्त संस्कारों का बोध होता है जिनके सहारे वह अपने आदर्शों, जीवन मूल्यों आदि का निर्धारण करता है। अतः संस्कृति का साधारण अर्थ होता है-संस्कार, सुधार, परिवार, शुद्धि, सजावट आदि। वर्तमान समय में सभ्यता और संस्कृति को एक-दूसरे का पयार्य माना जाने लगा है लेकिन वास्तव में संस्कृति और सभ्यता अलग-अलग होती है। सभ्यता में मनुष्य के राजनीतिक, प्रशासनिक, आर्थिक, प्रौद्योगिकीय व दृश्य कला रूपों का प्रदर्शन होता है जो जीवन को सुखमय बनाने में महत्त्वपूर्ण भूमिका निभाते हैं जबकि संस्कृति में कला, विज्ञान, संगीत, नृत्य और मानव जीवन की उच्चतम उपलब्धियाँ सम्मिलित है।

भारतीय संस्कृति विश्व की प्राचीनतम संस्कृतियों में से एक है। यह माना जाता है भारत विश्व की सबसे पुरानी सभ्यताओं में से एक है जिसमें बहुरंगी विविधता और समृद्ध सांस्कृतिक विरासत है। इसके साथ ही यह अपने आप को बदलते समय के ढालती भी आई है।

'यूनान-ओ-मिस्र-ओ-रोमां, सब गिर गए जहाँ से अब तक मगर है बाकी नाम-ओ-निशाँ हमारा,

"कुछ बात है कि हस्ती मिटती नहीं हमारी,
सदियों रहा है दुश्मन दौर-ए-जहाँ हमारा।"

जब से मानव का जीवन अस्तित्व में है तब से वह निरंतर उन मूल्यों की तरफ अग्रसर है, जिनकों प्राप्त कर लेने पर उसका जीवन व्यवस्थित होने के साथ-साथ 'आत्मिक सौंदर्य' से भी परिचित हो सके। उसकी यह प्रवृत्ति वास्वत में संस्कृति की ओर ही इशारा करती है। भारतीय संस्कृति समस्त मानव जाति का कल्याण चाहती है। भारतीय संस्कृति में प्राचीन गौरवशाली मान्यताओं एवं परंपराओं के साथ ही नवीनता का समावेश भी दिखाई देता है। भारतीय संस्कृति विभिन्न सांस्कृतिक धाराओं का महासंगम है, जिसमें सनातन संस्कृति से लेकर आदिवासी, तिब्बत, मंगोल, द्रविड़, हड़प्पाई धाराएँ समाहित हैं। ये धाराएँ भारतीय संस्कृति को इंद्रधनुषीय संस्कृति में परिवर्तित करती है।

अगर भारतीय संस्कृति के समन्वित रूप पर विचार करें तो इसमें विभिन्न विशेषताएँ देखने को मिलती हैं। भारतीय संस्कृति में अध्यात्म एवं भौतिकता में समन्वय नजर आता है। भारतीय संस्कृति में प्राचीनकाल में मनुष्य के चार पुरुषार्थों धर्म, अर्थ, काम, मोक्ष एवं चार आश्रमों-ब्रह्मचर्य, गृहस्थ, वानप्रस्थ एवं संन्यास का उल्लेख है, जो आध्यात्मिकता एवं भौतिक पक्ष में समन्वय लाने का प्रयास है।

इस बिंदु पर विचार करना जरूरी है कि हड़प्पा कालीन सभ्यता की परंपराएँ एवं प्रथाएँ आज भी भारतीय संस्कृति में देखने को मिल जाती है, यथा-मातृदेवी की उपासना, पशुपतिनाथ की उपासना, योग-आसन की परंपरा इत्यादि। इसके अलावा भारतीय संस्कृति में 'प्रकृति मानव सहसंबंध' पर बल दिया गया है। हमारी संस्कृति मानव, प्रकृति और पर्यावरण के अटूट एवं साहचर्य संबधों को लेकर चलती है। भारतीय उपनिषदों में **'ईशावास्यइदं सर्वम्'** अर्थात् जगत् के कण-कण में ईश्वर की व्याप्तता को स्वीकार किया गया है।

यहाँ के विभिन्न विचारकों एवं महापुरूषों ने भारतीय संस्कृति को समन्वित रूप प्रदान करने वाले विचार प्रस्तुत किये हैं। फिर चाहे बुद्ध, तुलसीदास हो इन सभी को भारतीय संस्कृति के नायक के रूप में प्रस्तुत किया गया है तथा ये सभी चरित्र भारतीय संस्कृति को समन्वित स्वरूप देते हैं। भारत की विभिन्न कलाओं, जैसे–मूर्तिकला, नृत्यकला, चित्रकला, लोकसंस्कृति इत्यादि में भारतीय संस्कृति के समन्वित स्वरूप को देखा जा सकता है। विभिन्न धर्म, पंथों एवं वर्गों के लोगों का नेतृत्व इन कलाओं में दृष्टिगोचर होता है। भारतीय संस्कृति का समन्वित रूप केवल भौगोलिक–राजनीतिक सीमाओं में ही नहीं है बल्कि उसके बाहर भी है। भारत के अंदर बौद्ध, जैन, हिंदू, सिख आदि धर्मों के लोग एवं उनके पूज्य–स्थल हैं, जो 'शांतिपूर्ण' सहअस्तित्व को दर्शाते हैं।

विदित हो कि संस्कृति का स्वरूप 'साहित्य' में सबसे अधिक समर्थ्यपूर्ण तरीके से अभिव्यंजित होता है। संस्कृति साहित्य का प्राण है। साहित्य की विभिन्न विधाओं में संस्कृति के प्रभाव को देखा जा सकता है। यहाँ की संस्कृति के आधारभूत मूल्य दया, करुणा, प्रेम, शांति, सहिष्णुता, लचीलापन, क्षमाशीलता इत्यादि को भारतीय साहित्य में समुचित तरीके से अभिव्यक्ति दी गयी है। भारतीय संस्कृति का यह समन्वित रूप संस्कृति भाषा के माध्यम से रामायण, महाभारत, गीता, कालीदास–भवभूति–भास के काव्यों और नाटकों, के माध्यम से बार–बार व्यक्त हुआ है। तमिल का संगम साहित्य, तेलुगु का अवधान साहित्य, हिंदी का भक्ति साहित्य, मराठी को पोवाड़ा, बंगला का मंगल नीति आदि भारतीय उद्यान के अनमोल फूल हैं।

इनकी संयुक्त माला निश्चय ही 'समेकित भारतीय संस्कृति' का प्रतिनिधित्व करती है। तुलसीदास मध्यकाल में भारतीय संस्कृति के समन्वय के सबसे बड़े कवि के रूप में नजर आते हैं।

"स्वपच सबर खस जमन जड़, पाँवर कोल किरात
रामु कहत पावन परम, होत भुवन विख्यात॥"

भारतीयों ने गणित व खगोल विज्ञान पर प्रामाणिक व आधारभूत खोज की। शून्य का आविष्कार, पाई का शुद्धतम मान, सौरमंडल पर सटीक विवरण

आदि का आधार भारत में ही तैयार हुआ। तात्कालिक कुछ नकारात्मक घटनाओं व प्रभावों ने जो धुंध हमारी सांस्कृतिक जीवन-शैली पर आरोपित की है, उसे सावधानी पूर्वक हटाना होगा। आज आवश्यकता है कि हम अतीत की सांस्कृतिक धरोहर को सहेजें और सवारें तथा उसकी मजबूत आधारशिला पर खड़े होकर नए मूल्यों व संस्कृति को निर्मित एवं विकसित करें।

/////जय श्री राम /////